# こんなこと…ありませんか？

「ニチガクの問題集…買ったはいいけど、、、
この問題の教え方がわからない（汗）」

# メールでお悩み解決します！

☆ ホームページ内の専用フォームで必要事項を入力！

☆ 教え方に困っているニチガクの問題を教えてください！

☆ 確認終了後、具体的な指導方法をメールでご返信！

☆ 全国どこでも！ スマホでも！ ぜひご活用ください！

＜質問回答例＞

　学習のポイント

推理分野の学習では、後の学習に活きる思考力を養うことができます。ご家庭で指導する場合にも、テクニックにたよらず、保護者の方が先に基本的な考え方を理解した上で、お子さまによく考えさせることを大切にして指導してください。

Q.「お子さまによく考えさせることを大切にして指導してください」と学習のポイントにありますが、考える習慣をつけさせるためには、具体的にどのようにしたらいいですか？

A. お子さまが考える時間を持てるように、質問の仕方と、タイミングに工夫をしてみてください。
たとえば、「答えはあっているけど、どうやってその答えを見つけたの」「答えは○○なんだけど、どうしてだと思う？」という感じです。はじめのうちは、「必ず30秒考えてから手を動かす」などのルールを決める方法もおすすめです。

まずは、ホームページへアクセスしてください!!

http://www.nichigaku.jp 　日本学習図書　　検索

# 目指せ！合格！ 家庭学習ガイド
## 東京学芸大学附属大泉小学校

ペーパー　口頭試問　行動観察

## 入試情報

応 募 者 数：男子 681 名　女子 715 名
出 題 形 態：ペーパー・ノンペーパー
面　　　接：志願者
出 題 領 域：ペーパー（お話の記憶、常識、推理、数量）、行動観察

## 入試対策

2021 年度入試では、前年度には行われなかった第 1 次選考（一定人数以上の志願者が集まると実施される）での抽選が行われ、通過率は男女ともに 90％でした。第 2 次選考の発育総合調査（入試）では、1 日目にペーパーテストと行動観察が行われ、2 日目に志願者面接（口頭試問）が実施されましたが例年 1 日目に行われていた運動テストは行われず、また、第 3 次選考の抽選も行われませんでした（発育総合調査の合格者が、そのまま入学予定者となりました）。なお、ペーパーテストでは、例年通りお話の記憶、常識、推理、数量などが出題されました。それほど難しい問題ではないので、平均点は高くなる傾向にあるので、入試にあたってはこれらの分野への対策をしっかりと行い、ケアレスミスのないよう落ち着いて問題に取り組んでください。

●ペーパーテストの常識問題と行動観察の両方で、お子さまの社会性や協調性が問われています。お子さまには、ほかの人とのコミュニケーションの取り方、公共の場でのルールの大切さを学べる体験をさせてください。また、マナーに関する問題も多く扱われているので、他人に迷惑をかけないマナーについて学んでおくとよいでしょう。

●面接では、「答えに対して、その理由を聞く」など具体的な説明を求める質問がありました。

●今年は、例年出題されていた、外国人のお友だちとどう接するかを問う設問はありませんでしたが、対策しておいてください。

# 「東京学芸大学附属大泉小学校」について

## 〈合格のためのアドバイス〉

新型コロナウイルス感染拡大防止策として運動テストが行われなかったこと、1次選考で抽選を行い3次選考の抽選は行わなかったことなど、今年度の入試には、若干の変更点がありました。ただし、求められている児童像についての大きな変化はありません。知識・社会常識・躾などの、総合的にバランスの取れている児童を求めていることが試験内容からうかがえます。

かならず
読んでね。

試験そのものはやさしく、保護者の方も安心してしまいがちですが、倍率を考えると、合格するにはかなり高い正答率が必要となります。ボーダーラインではなく、その上を目指して取り組んでいくことが大切です。

ペーパーテスト対策は、記憶、常識、数量分野を中心に、基礎をしっかりと定着させることが大切です。発展的な問題に取り組む必要はありません。基礎レベルの問題を、何題も繰り返して確実に理解させ、正確に答えられるところまで仕上げましょう。また、常識分野の問題と口頭試問の両方で、コミュニケーションやマナーに関する問題が扱われています。これらは、知識として知っているかどうかというよりは、お子さまの生活体験から判断することが大事なポイントです。幼稚園でのできごと、お友だちとのやりとりなどを、お子さまとの会話で聞き取り、お子さまの考えや行動を保護者の方が知ってください。お子さまが間違っていることをしているようでしたら、その都度指導して教えてあげるようにしましょう。なお、頻出のテーマは「外国人のお友だちとのコミュニケーション」「交通ルール」「食事・生活のマナー」などです。

## 〈2021年度選考〉

### ＜1日目＞
●ペーパーテスト
お話の記憶、常識、推理、数量など
●行動観察
模倣体操、進化じゃんけん

### ＜2日目＞
●口頭試問
●面接（志願者のみ5名ずつ）

### ◇過去の応募状況
2021年度　男子681名　女子715名
2020年度　男子643名　女子596名
2019年度　男子605名　女子528名

## 〈本書掲載分以外の過去問題〉

◆巧緻性：紙を貼り合わせて、犬小屋を作る。[2015年度]
◆常　識：お母さんが熱を出した時、どうするかを答える。[2015年度]
◆図　形：折り紙を開いた時の、正しい折れ線を選ぶ。[2015年度]
◆常　識：海でよく見られる生き物を選ぶ。[2014年度]

 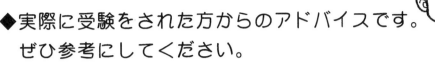

# 得 先輩ママたちの声！

◆実際に受験をされた方からのアドバイスです。
ぜひ参考にしてください。

## 東京学芸大学附属大泉小学校

- 待っている間、6年生が劇を見せてくれました。子どもはとても喜んでいました。教室への案内も6年生がしてくれました。

- 新型コロナ感染拡大防止のため、例年とは傾向が変わり、対策が立てづらかったです。

- 体育館での待ち時間などに、椅子（子どもにとっては大きい）をガタガタさせたり、足をブラブラさせたりして、前のお子さまとトラブルになっているのを見かけました。30分ぐらいの時間を、しっかり待てるよう日頃から注意しておくことが必要だと思います。

- 体育館、教室ともに換気をしていて寒かったので、服装の調整が難しかったです。

- 受験票ののりがはがれてしまいました。念のためのりを持参していてよかったです。

- 元気いっぱいのお子さまが多かったです。雰囲気に圧倒されず、また周囲に振り回されないよう伝えておくことが必要です。

- 待機時間もチェックされているように感じました。

- ペーパーテストはやさしいので、あまり差がつかないと思います。姿勢をピンと保つよう、日頃から習慣づけておくと、教室でも目立つと思います。行動観察では、自発的に動けることが大事だと思います。

- 最初に待つ校庭は土なので、雨のときは長靴の方がよいです。また、子どもの上履きや上着は親が持つので、大きなエコバッグが必要。1日目は試験終了まで校外で、2日目は控室で待機します。

# 東京学芸大学附属大泉小学校

# 過去問題集

## 〈はじめに〉

　　現在、少子化が叫ばれているにもかかわらず、私立・国立小学校の入学試験には一定の応募者があります。入試は、ただやみくもに学習するだけでは成果を得ることはできません。志望校の過去における出題傾向を研究・把握した上で、練習を進めていくこと、試験までに志願者の不得意分野を克服していくことが必須条件です。そこで、本問題集は小学校を受験される方々に、志望校の出題傾向をより詳しく知って頂くために、出題頻度の高い問題を結集いたしました。最新のデータを含む精選された過去問題集で実力をお付けください。

　　また、志望校の選択には弊社発行の「2022年度版　首都圏・東日本　国立・私立小学校　進学のてびき（4月下旬刊行予定）」「2022年度版　首都圏　国立小学校入試ハンドブック（8月初旬刊行予定）」をぜひ参考になさってください。

## 〈本書ご使用方法〉

◆ 出題者は出題前に一度問題を通読し、出題内容などを把握した上で、〈 準 備 〉の欄に表記してあるものを用意してから始めてください。

◆ お子さまに絵の頁を渡し、出題者が問題文を読む形式で出題してください。問題を読んだ後で、絵の頁を渡す問題もありますのでご注意ください。

◆ 「分野」は、問題の分野を表しています。弊社の問題集の分野に対応していますので、復習の際の目安にお役立てください。

◆ 一部の描画や工作、常識等の問題については、解答が省略されているものがあります。お子さまの答えが成り立つか、出題者が各自でご判断ください。

◆ 〈 時 間 〉につきましては、目安とお考えください。

◆ 解答右端の［〇年度］は、問題の出題年度です。［2021年度］は、「2020年の秋から冬にかけて行われた2021年度入学志望者向けの考査で出題された問題」という意味です。

◆ 学習のポイントは、指導の際にご参考にしてください。

◆ 【おすすめ問題集】は各問題の基礎力養成や実力アップにご使用ください。

## 〈本書ご使用にあたっての注意点〉

◆ 文中に この問題の絵は縦に使用してください。 と記載してある問題の絵は縦にしてお使いください。

◆ 〈 準 備 〉の欄で、クレヨン・クーピーペンと表記してある場合は12色程度のものを、画用紙と表記してある場合は白い画用紙をご用意ください。

◆ 文中に この問題の絵はありません。 と記載してある問題には絵の頁がありませんので、ご注意ください。なお、問題の絵の右上にある番号が連番でなくても、中央下の頁番号が連番の場合は落丁ではありません。
　　下記一覧表の●が付いている問題は絵がありません。

| 問題1 | 問題2 | 問題3 | 問題4 | 問題5 | 問題6 | 問題7 | 問題8 | 問題9 | 問題10 |
|---|---|---|---|---|---|---|---|---|---|
|  |  |  |  |  |  |  |  | ● |  |
| 問題11 | 問題12 | 問題13 | 問題14 | 問題15 | 問題16 | 問題17 | 問題18 | 問題19 | 問題20 |
|  |  |  |  | ● |  |  |  |  |  |
| 問題21 | 問題22 | 問題23 | 問題24 | 問題25 | 問題26 | 問題27 | 問題28 | 問題29 | 問題30 |
|  |  |  | ● | ● |  | ● |  |  |  |
| 問題31 | 問題32 | 問題33 | 問題34 | 問題35 | 問題36 | 問題37 | 問題38 | 問題39 | 問題40 |
|  |  |  |  | ● |  |  |  |  | ● |

## 2021年度の最新入試問題

**問題1**　分野：お話の記憶

〈準備〉　鉛筆

〈問題〉　（問題1の絵を見せて）

池のわきにある穴の中で、モグラさんが冬眠をしていました。冬の間、池には氷が張っています。今日は暖かくて、気持ちよく寝ていたモグラさんは、大好きなパンケーキを食べる夢をみています。「ムニャムニャ……あれっ？」。ほっぺたに何か冷たいものがポタポタと落ちるのを感じて、目を覚ましてしまいました。「せっかくいい夢をみていたのに、何だ何だ」。ぶつぶつと文句を言いながら、モグラさんは穴から頭を出そうとしました。すると、こんどは頭をツンツンとつつかれました。「痛い、痛い。せっかく寝ているところなのに、何てことするんだ」。モグラさんが腹を立てて、つつかれた方を見ると、ウグイスさんと目が合いました。モグラさんはウグイスさんをジロっとにらんだのですが、ウグイスさんは、ニコニコと笑いながらモグラさんに話しかけました。「目を覚ましたかい、モグラさん。ちょうど起こしに行こうと思っていたところだったよ」。モグラさんは聞きました。「ちょうど何かがほっぺたに落ちてきて、目を覚ましたところだったよ。ところでウグイスさん、どうしてぼくを起こそうと思ったんだい」。ウグイスさんはニッコリ笑いました。「だって、もう春になったんだもん」「じゃあ、さっきぼくのほっぺたに落ちてきたのは……」。モグラさんが穴のそばを見ると、池から水があふれ、少しずつ穴へのほうに流れているのが見えました。モグラさんとウグイスさんは、声を合わせて言いました。「池の氷がとけたしずく！」モグラさんが穴から周囲を見回してみると、周囲の地面にも木にも、春の花が咲いています。モグラさんは「ふわぁ」と大きなあくびをしてから、春の空気を胸いっぱいに吸い込みました。近くの花にとまっていたチョウチョが、モグラさんの近くにヒラヒラと飛んできて聞きました。「おはよう、モグラさん。今年の冬は、いい夢がみられたかしら？」。モグラさんは答えました。「うん、いい夢をたくさんみたよ。でも、もう起きなくちゃ。だって、春なんだもの」。あたりはポカポカと暖かく、池では魚が水しぶきをあげています。いろいろな虫や鳥たちも、それぞれに飛び交っています。「ホーホケキョ」と、ウグイスさんが空を見上げて、大きく鳴きました。

①上の絵を見てください。ウグイスさんに頭をつつかれたモグラさんはどんな顔をしていたと思いますか。選んで○をつけてください。
②下の絵から、このお話と同じ季節のものではないものを選んで○をつけてください。

〈時間〉　各15秒

**問題2** 分野：常識（季節・日常生活）

〈準 備〉 鉛筆

〈問 題〉 ①1番上の段の絵の中に1つだけ違う季節の絵があります。選んで〇をつけてください。
②上から2番目の段の絵から、「かぶるもの」を選んで〇をつけてください。
③下から2番目の段の絵を見てください。お出かけする時に持っていくものではないものを選んで〇をつけてください。
④カレーライスを食べる時に使うものを選んで〇をつけてください。

〈時 間〉 1分


**問題3** 分野：常識（マナー）

〈準 備〉 鉛筆

〈問 題〉 この絵の中で、交通ルールを守っている人を選んで〇をつけてください。

〈時 間〉 30秒


**問題4** 分野：推理（欠所補完）

〈準 備〉 鉛筆

〈問 題〉 上の段の絵の「？」が書いてある四角にあてはまるものを、下の段から選んで〇をつけてください。

〈時 間〉 30秒


**問題5** 分野：数量（たし算）

〈準 備〉 鉛筆

〈問 題〉 輪投げをしている人が、最初に輪を何本持っていたのかを考えて、その数だけ下の四角の中に〇を書いてください。

〈時 間〉 30秒

## 問題6　分野：行動観察

〈準備〉　B4サイズの模造紙6枚（床に置いておく）
マーカー（緑・オレンジ・青・赤・黒・ピンク）の入ったかご

〈問題〉　**この問題の絵はありません。**
自由に絵を描いてください。

〈時間〉　5〜10分


## 問題7　分野：行動観察

〈準備〉　なし

〈問題〉　**①の絵はありません。**
①「ドラガオじゃんけん」の歌に合わせ、先生のまねをして踊ってください。
②「進化じゃんけん」をします。最初はみんなヒヨコになります。じゃんけんに
勝つごとに、ヒヨコ→ウサギ→サル→人間になります。負けた時は、ヒヨコか
らやりなおしです。じゃんけんができるのは同じ動物同士です。
　　　・ヒヨコの人は、手をピヨピヨさせてウサギ跳びをします。
　　　・ウサギの人は、両手を耳の上に上げてウサギ跳びをします。
　　　・サルの人は、手をサルのような形にして歩きます
　　　・人間になったら「ヤッター」と言って、その場に座ります

〈時間〉　①1分程度　　②5分程度


## 問題8　分野：口頭試問

〈準備〉　なし

〈問題〉　①大きなクマと小さなクマ、それにリスがいます。キツネが「みんなで食べて
よ」と、ピザを持ってきました。どのように分ければよいでしょう。絵から1
つ選んでください。また、どうしてそう思ったのかを答えてください。
②（もちつきまたは扇風機を指さして）これは何ですか？

〈時間〉　5分程度


## 問題9　分野：面接（志願者面接）

〈準備〉　なし

〈問題〉　**この問題の絵はありません。**
・家族の人とケンカをすることがありますか。
・家族の人にギューッと抱きしめられたことはありますか。
・それは、どんな時ですか。
・仲のよいお友だちの名前を教えてください。
・そのお友だちが、あなたが積んだ積み木を倒してしまったらどうしますか。
・電車の中で、目の前にいた人が手袋を落としました。あなたはどうしますか。
・マスクを取ってみてください

〈時間〉　10分程度

問題1

①

②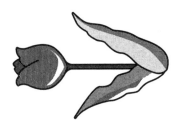

問題2

① ② ③ ④

日本学習図書株式会社

2022年度　学芸大附属大泉小　過去

# 問題 3

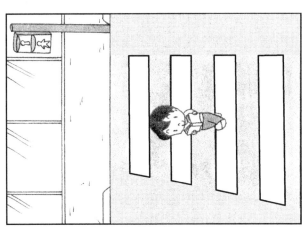

2022年度　学芸大附属大泉小　過去　無断複製／転載を禁ずる　日本学習図書株式会社

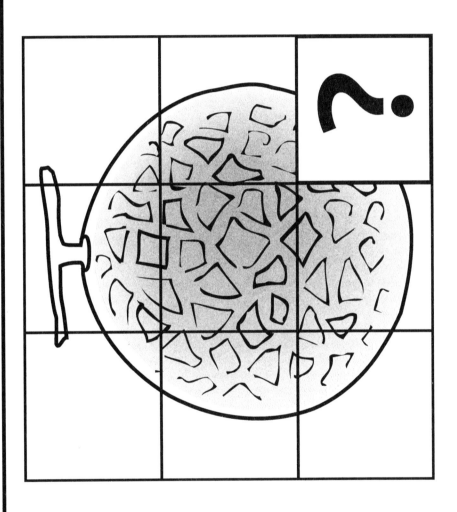

2022 年度　学芸大附属大泉小　過去　無断複製／転載を禁ずる　　　　日本学習図書株式会社

問題 5

日本学習図書株式会社

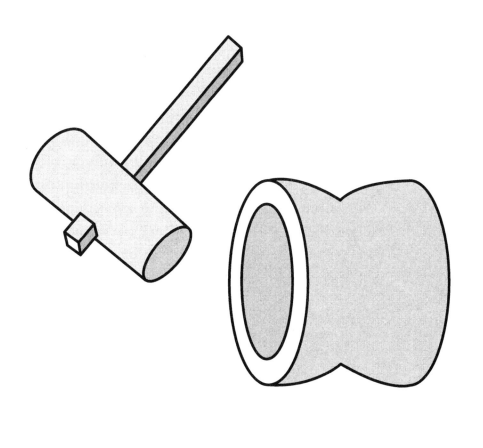

2022 年度　学芸大附属大泉小　過去　無断複製／転載を禁ずる　　　　日本学習図書株式会社

# 2021年度入試
# 解答例・学習アドバイス

解答例では、制作・巧緻性・行動観察・運動といった分野の問題の答えは省略されています。こうした問題では、各問のアドバイスを参照し、保護者の方がお子さまの答えを判断してください。

## 問題1 　分野：お話の記憶

〈解答〉　①左から2番目　　②右から2番目

　　　　　お話の記憶の問題です。登場人物も少なく、場面転換もないので、比較的やさしい内容となっています。当校のお話の記憶の問題では、登場人物の心の動きについてよく聞かれます。読み聞かせをする際に「誰が・どうした」のような客観的なことを聞き取ることだけでなく、発言や仕草から、登場人物の気持ちの動きを想像する習慣をつけてください。保護者の方は読み聞かせの際に、場面ごとの登場人物の心情について質問したり、お話を聞いているお子さまの表情にも気を配ってみましょう。記憶して解答するだけでなく、言葉からイメージをふくらませることは、お子さまが入学してからのコミュニケーションでも必要になってきます。なお、②で季節の常識が問われているように、当校ではお話の記憶でお話とは直接関係のない分野の問題が出題されることもありますので、注意しておきましょう。

【おすすめ問題集】
　1話5分の読み聞かせお話集①②、　お話の記憶　初級編・中級編・上級編
　Jr・ウォッチャー19「お話の記憶」

## 問題2 　分野：常識（季節・日常生活）

〈解答〉　①右から2番目（ヒマワリ）　　②左端（帽子）　　③右端（ドングリ）
　　　　　④左から2番目（スプーン）

　　　　　当校の常識問題には、さまざまな切り口があるのが特徴です。本問のような季節や生活常識のほか、理科や言語についても出題されることがあります。ただし、出題されるのは、小学校入学前のお子さまの身近にあるものごとについての知識がほとんどです。学校としては、机上で学習した成果だけではなく、生活を通じてお子さまが好奇心を抱き、保護者の方がそれに答えているかどうかも知りたいのでしょう。お子さまが何かに興味を抱いた時に、保護者の方がそれに答えたり、いっしょに調べたりといったことを習慣にしてください。実物に触れたり体験したりする機会を多く設ければ、お子さまの好奇心もふくらんでいくでしょう。

【おすすめ問題集】
　Jr・ウォッチャー12「日常生活」、27「理科」、34「季節」、55「理科②」

〈 解 答 〉　右から2番目（左右を見て渡っている）

　　　　交通ルールについての問題です。当校の入試には、毎年このようなマナーや
　　　　社会常識についての出題があります。特に交通ルールや公共交通機関でどの
　　　　ようにふるまうべきなのかは入学前に知っておいてほしい、ということで出
　　　　題されるのでしょう。ここでは、ふだんお子さまにどのように指導している
　　　　か、またお子さまの安全をきちんと考えているかどうかを、保護者の方に問
われていると考えてください。学校側は、保護者の家庭教育の姿勢を、とても重視してい
ますから、保護者の方ご自身が、お子さまのお手本になるような行動をしているかどうか
をチェックしているというわけです。今回は出題されませんでしたが、海外の方とどのよ
うに対応するかについても、よく出題されます。これは国際理解教育を重視し、国際学級
を設置したり、中等教育学校が併設されたりしている同校の特徴を表している設問です。
といっても難しいことを聞いているわけではありません。基本的には、国籍が異なる方と
でも隔てなく接することができればよいのです。

【おすすめ問題集】
　　Ｊｒ・ウォッチャー56「マナーとルール」

〈 解 答 〉　右端

　　　　欠所補完の問題です。一般的なパズルの問題とは異なり、あらかじめ絵の完
　　　　成図は示されていません。解答する際には、頭の中で完成図を描いてから当
　　　　てはまる絵を選ぶことになります。ここで必要になるのは、欠けている部分
　　　　を把握する観察力、それを頭の中で補う想像力、選んだパーツが適切かど
　　　　うかを検証する推理力の3つです。本問では、完成図から大きく外れた図が
出題されているわけではありませんが、設問によっては異なる絵のピースを混じえて出題
されることもあります。学習の際には、問題用紙を切り抜いてパズルを作り、実際に当て
はめてみてください。その際には、当てはめる前に欠けた部分に何が入るのかを類推した
り、ピースの途切れている線の位置を把握したり、といったことをしてみましょう。欠け
た部分を描き足してみるのも効果的です。

【おすすめ問題集】
　　Ｊｒ・ウォッチャー59「欠所補完」

## 問題5　分野：数量（たし算）

〈 解 答 〉　○：5

この問題は、描かれている輪に1つずつ印を付けながら数えても十分に解答できますが、小学校受験ではもう少し複雑な問題が出される場合もあります。ここでは、計算そのものではなく、年齢層にふさわしいの数の感覚を持っているかどうかが問われています。数の感覚を身に付けるのに効果的なのは、おはじきなどの具体物を用いた学習です。この問題の場合には、輪の上におはじきを置いておき、それを集めておはじきの数をかぞえます。また、日常生活のお手伝いでも、数の感覚を身に付けることができます。この場合、慣れてきたらあらかじめ2つフォークを置いておき「5本必要だから残りの数をもってきてね」と頼んでみるなど、少し難しい内容と発展させていくこともできます。

【おすすめ問題集】
　Ｊｒ・ウォッチャー38「たし算・ひき算1」

## 問題6　分野：行動観察（自由制作）

〈 解 答 〉　省略

口頭試問の待ち時間に行われました。5人のグループでの待機でしたが、1人で描いてもお友だちと描いてもよかったようです。このような自由課題の問題では、描いた絵が上手かどうかよりも、泣いたり騒いだりせず、おとなしく待っていられることや、言われたことをきちんと守っていることが求められます。このような問題に限らず、来校中のすべての場面において、ほかのお子さまに迷惑をかけたり、協調性に欠ける態度がみられたりすると、減点の対象になることがあります。日常生活で、お子さまにそうした言動が見られたときには、保護者の方がしっかり注意して、繰り返さないよう促してください。また校内では保護者の方ご自身も観られていることを意識してください。

【おすすめ問題集】
　Ｊｒ・ウォッチャー24「絵画」

〈 解 答 〉 省略

①では、先生の動きをよく見て、その動きの通りに、元気よく踊れるかどうかがポイントです。ダンスが上手かどうかは評価とは関係ありません。振り付けはオリジナルですが、音楽は、前年には「パプリカ」、その前は「Ｕ・Ｓ・Ａ」や「ＰＰＡＰ」など、お子さまに親しみやすいものが選ばれています。②は、複雑なルールをしっかり聞いて、そのルール通りに行動できるかどうかが問われています。言われたことを自分で理解して行動するのではなく、周囲のお子さまを見て真似をするようでは、減点される可能性があります。それぞれの動物のポーズをとる際に物怖じしたり、恥ずかしがったりしていても、よい評価は期待できません。また、じゃんけんの相手を積極的に探せることも必要です。グループでの集団観察で重視されるのは、小学校生活で必要な、協調性やコミュニケーションスキルといったものを持っているかどうか、ということだからです。

【おすすめ問題集】
　Ｊｒ・ウォッチャー29「行動観察」

〈 解 答 〉 ①真ん中　　②省略

①は図形についてというより、お子さまの考え方をうかがおうという問題です。大きなクマがたくさん食べるから多く分ける、大きなクマ→小さなクマ→リスの順に大きくする、という考え方でも間違いではないのですが、「不公平では？」と言われると返す言葉がないので、答えを「真ん中の図形」としています。また、選択肢には３等分した絵しかないので、キツネの分は考えなくてよいでしょう。②のもちつきは日常的に行うものではありませんし、冷房にはクーラーだけを使い、扇風機は使っていないご家庭もあるかもしれません。小学校入試では、少し昔の習慣や生活用品が出題されることもありますから、知識だけでもよいので折に触れて教えるようにしてください。

【おすすめ問題集】
　新口頭試問・個別テスト問題集

〈 解 答 〉　省略

　　　　　面接では家族の方との関係、お友だちとの関係についての質問が多かったよ
　　　　　うです。当校の面接はお子さまだけを対象に行われるので、学校は、お子さ
　　　　　まの返答を通じてご家庭の様子や、保護者の方の躾や教育観を知ることとな
　　　　　ります。また、お友だちとの関係を問う質問からは、入学後の学校生活を円
　　　　　滑に行うことができるかどうかを判断しようとしていると思われます。面接
では、答える内容だけでなく、質問される時や答える時の態度も評価の対象になります。
明るくハキハキと答えられると好印象です。当年度はコロナ禍による感染拡大防止のた
め、各人は検温や消毒、マスクの着用が行われたほか、会場では換気をしたり、人と人と
の間隔を確保したりと厳重な対策のもとで行われました。ただし、お子さまの表情を観る
ために、一時的にマスクを取るよう促されることもあったようです。

【おすすめ問題集】
　　面接テスト問題集

# 東京学芸大学附属大泉小学校　専用注文書

年　月　日

# 合格のための問題集ベスト・セレクション

## ＊入試頻出分野ベスト３

| **1st** | 常　識 | **2nd** | 数　量 | **3rd** | 記　憶 |
|---|---|---|---|---|---|

知識　聞く力　思考力　｜　観察力　聞く力　正確さ　｜　集中力　聞く力

常識分野と口頭試問では、身近な生活体験をふまえて判断する、生活常識、マナーの問題が頻出です。
お話の記憶では、お話の内容を独特な形式で答えるのも、当校の特徴です。

| 分野 | 書　名 | 価格(税込) | 注文 | 分野 | 書　名 | 価格(税込) | 注文 |
|---|---|---|---|---|---|---|---|
| 図形 | Ｊｒ・ウォッチャー３「パズル」 | 1,650 円 | 冊 | 数量 | Ｊｒ・ウォッチャー38「たし算・ひき算1」 | 1,650 円 | 冊 |
| 図形 | Ｊｒ・ウォッチャー５「回転・展開」 | 1,650 円 | 冊 | 数量 | Ｊｒ・ウォッチャー39「たし算・ひき算2」 | 1,650 円 | 冊 |
| 図形 | Ｊｒ・ウォッチャー８「対称」 | 1,650 円 | 冊 | 数量 | Ｊｒ・ウォッチャー42「一対多の対応」 | 1,650 円 | 冊 |
| 図形 | Ｊｒ・ウォッチャー９「合成」 | 1,650 円 | 冊 | 図形 | Ｊｒ・ウォッチャー45「図形分割」 | 1,650 円 | 冊 |
| 常識 | Ｊｒ・ウォッチャー12「日常生活」 | 1,650 円 | 冊 | 図形 | Ｊｒ・ウォッチャー48「鏡図形」 | 1,650 円 | 冊 |
| 数量 | Ｊｒ・ウォッチャー14「数える」 | 1,650 円 | 冊 | 図形 | Ｊｒ・ウォッチャー54「図形の構成」 | 1,650 円 | 冊 |
| 記憶 | Ｊｒ・ウォッチャー19「お話の記憶」 | 1,650 円 | 冊 | 常識 | Ｊｒ・ウォッチャー55「理科②」 | 1,650 円 | 冊 |
| 巧緻性 | Ｊｒ・ウォッチャー25「生活巧緻性」 | 1,650 円 | 冊 | 常識 | Ｊｒ・ウォッチャー56「マナーとルール」 | 1,650 円 | 冊 |
| 常識 | Ｊｒ・ウォッチャー27「理科」 | 1,650 円 | 冊 | | 新口頭試問・個別テスト問題集 | 2,750 円 | 冊 |
| 運動 | Ｊｒ・ウォッチャー28「運動」 | 1,650 円 | 冊 | | 面接テスト問題集 | 2,200 円 | 冊 |
| 観察 | Ｊｒ・ウォッチャー29「行動観察」 | 1,650 円 | 冊 | | 苦手克服問題集　常識編 | 2,200 円 | 冊 |
| 観察 | Ｊｒ・ウォッチャー30「生活習慣」 | 1,650 円 | 冊 | | お話の記憶問題集　中級編 | 2,200 円 | 冊 |
| 常識 | Ｊｒ・ウォッチャー34「季節」 | 1,650 円 | 冊 | | 1話5分の読み聞かせお話集①② | 1,980 円 | 各　冊 |
| 数量 | Ｊｒ・ウォッチャー37「選んで数える」 | 1,650 円 | 冊 | | | | |

| | 合計 | | 冊 | | 円 |
|---|---|---|---|---|---|

| （フリガナ） | 電　話 |
|---|---|
| 氏　名 | ＦＡＸ |
| | E-mail |

| 住所 〒　　　－ | 以前にご注文されたことはございますか。 |
|---|---|
| | 有　・　無 |

★お近くの書店、または記載の電話・FAX・ホームページにてご注文をお受けしております。
電話：03-5261-8951　FAX：03-5261-8953　代金は書籍合計金額＋送料がかかります。
※なお、落丁・乱丁以外の理由による商品の返品・交換には応じかねます。

★ご記入頂いた個人に関する情報は、当社にて厳重に管理致します。なお、ご購入の商品発送の他に、当社発行の書籍案内、書籍に関する調査に使用させて頂く場合がございますので、予めご了承ください。

日本学習図書株式会社
http://www.nichigaku.jp

**問題10** 　分野：お話の記憶　　　　　　　　　　　　　　　　聞く　集中

〈準 備〉　鉛筆

〈問 題〉　ネコさん、タヌキくん、ウサギさんは仲良し。今日は川へピクニックに行きます。3人は川の近くまでバスで行きました。バスを降りると、セミがミンミンと鳴いていました。ネコさんが「家の近くよりもセミの鳴き声が大きく聞こえるね」と言うので、「たくさんの木が近くにあるからかな」とタヌキくんが言いました。ウサギさんが木を1つひとつ見ると、タヌキくんのいう通り、セミがいっぱいいました。「さすが、タヌキくん」とウサギさんが言った時、タヌキくんは「これは、もしかしたら、シカの角かもしれない」と道に落ちている小枝を拾いました。でも、それはどうみても木の枝なので、ウサギさんとネコさんは大笑い。そうこうしていると3人は河原まで来ました。河原には石がゴロゴロあります。ウサギさんが「あ！」と言ったので、「どうしたの？」とネコさんがたずねると、ウサギさんがハートの形をした石を手に持っていました。ネコさんが「ハートの形だ、めずらしいね」というと、ウサギさんはとても嬉しそうでした。「ネコさんも何か見つけたの？」とウサギさんが言うので、ネコさんは緑色の葉っぱを見せました。「ウサギさんが見つけた、ハート型の石よりもめずらしいものなんて見つからないよ」とタヌキくんが言いました。「ウサギさんは、これをおうちに持って帰って、お母さんに見せようと思うの」と言うので、ネコさんは、ウサギさんのお母さんはきっと喜ぶだろうなと思いました。タヌキくんが「ねえねえせっかくだから、泳ごうよ」と言いました。ウサギさんも「いいね！」と言い、2人はそのまま勢いよく、川へ入っていきました。ネコさんは水が怖かったので、ためらっています。タヌキくんが「あれ？　ネコさんどうしたの？」と言いました。ネコさんは正直に水が苦手だと伝えました。するとウサギさんが「そうしたら、泳ぐのやめようか、タヌキくん」と言い、2人は川から上がりました。ネコさんが「ごめんね」と言うと、ウサギさんが「なんで謝るの？　みんなで遊ぶほうが楽しいじゃない」と言ってくれました。タヌキくんが「ちがう遊びをする前に、まだお弁当食べてないから、食べようよ」と言ったので、そうすることにしました。外でみんなと食べる弁当が、なんだかいつもよりも美味しく感じたネコさんでした。

　　　　①左上の絵を見てください。動物たちはどこへピクニックに行きましたか。選んで○をつけてください。
　　　　②右上の絵を見てください。ハート型の石を見つけたのは誰ですか。○をつけてください。また、ネコさんが見つけたのは何色の葉っぱですか。「黄色」だと思う人は「○」を、「緑色」だと思う人は「△」を、「赤色」だと思う人は「×」を書いてください。
　　　　③ネコさんが川に入るのを怖がっています。あなたならどうしますか、「入らないなら放っておく」だと思う人は「○」を、「ひっぱって川へ入れる」だと思う人は「△」を、「お水こわくないよ、とやさしく言う」だと思う人は「×」を左下の四角に書いてください。
　　　　④右下の絵を見てください。このお話の季節はどれですか。選んで○をつけてください。

〈時 間〉　各15秒

〈解 答〉　①左上　②右上　色:△　③×　④左上

[2020年度出題]

 学習のポイント

お話の記憶の問題です。お話の長さは900字弱と小学校受験では一般的な長さです。お話の内容を聞き取れているかはもちろん、お話以外の常識も問われますから、お話の背景（季節など）も意識して聞き取るようにしましょう。お話の記憶への対応力を上げるためのコツは、お話を「イメージしながら聞く」ことができるようにすることです。例えば、ふだんの読み聞かせで「いつ」「誰が」「何を」「どうした」などについて質問することを習慣にしてみてください。お子さまは自然と意識するようになります。特に「色」や「風景」はイメージしやすいでしょう。毎日それを繰り返すことで、ウサギさんが拾った石はどのような形をしていたか、ネコさんは何色の葉っぱを拾ったか、何が鳴いていたかを自然とイメージして聞けるようになります。また、イメージしながら聞くことができるようになることは、言葉そのものの意味や特徴を理解することと関連します。ペーパーテスト対策としてお話の記憶に向き合う前に「読み聞かせ」の重要性に気が付きましょう。

【おすすめ問題集】
１話５分の読み聞かせお話集①②、　お話の記憶　初級編・中級編、
Ｊｒ・ウォッチャー19「お話の記憶」

---

**問題11**　分野：図形（展開）　　　　　　　　　　　　　観察 考え

〈準　備〉　鉛筆

〈問　題〉　左の四角を見てください。この折り紙を広げた状態として正しいものを右の四角から選んで○をつけてください。同じように下の段も解いてください。

〈時　間〉　30秒

〈解　答〉　①左端　②左端

[2020年度出題]

 学習のポイント

当校では例年、図形分野の問題が出題されています。この問題は、左の見本の図形を広げたもので正しいものを選ぶ「展開」の問題です。この問題で必要なのは、折り紙を広げた状態をイメージできることです。例えば①の問題ですが、折れ線の真ん中に半円の穴が空いていると、それを広げれば丸い穴となります。つまり、空いている穴があれば、折れ線で対称になるということですが、言葉だけで説明してもなかなか理解できるものではないでしょう。「展開」の問題は大人にとっても簡単なものではありませんから、小学校受験のペーパーテストでは「難問」の１つです。ですから、お子さまが解けなかったとしても落ち込む必要はありません。実際に折り紙を用意して問題同様に折って、穴を開け、展開してみましょう。特に図形の問題にいえることですが、実際にやってみることが１番効果的な対策です。実物を使うことで、何度もペーパー学習を繰り返すことよりも、確実に理解が深まります。

【おすすめ問題集】
Ｊｒ・ウォッチャー５「回転・展開」、８「対称」

〈 準 備 〉　鉛筆

〈 問 題 〉　おにぎりとお皿をそれぞれ同じ数を揃えていましたが、イヌがおにぎりを食べてしまったので、おにぎりが足りなくなってしまいました。イヌはいくつのおにぎりを食べたのでしょうか。その数だけ下の四角に〇をつけてください。

〈 時 間 〉　1分

〈 解 答 〉　〇：2

[2020年度出題]

 学習のポイント

当校では数量の問題も頻出分野の1つです。この問題にはお皿の数とおにぎりの数を先にかぞえてから、それを見比べて答えを出すやり方と、お皿1枚、おにぎり1つを1人分のセットとして作っていき、余ったお皿の数で答えを出すやり方の2つの方法があります。最初のやり方では、お子さまが1〜10の数をかぞえられることが大切になってきます。もう1つのやり方では、それぞれをセットにする、生活体験を伴った考え方が大切になってきます。どちらの考え方でもよいのですが、基礎として、おはじきなどの実物を使った学習をすると、お子さまの理解が深まります。問題同様に色の違うおはじき（赤をお皿、青をおにぎりとする）を置いてみてください。最初のやり方の場合、まず赤のおはじきを取り出して、1列に並べます。そして同じように青のおはじきを取り出して、赤と平行にして並べてみてください。そうすると青のおはじきが2つ少ないことから、足りないおにぎりが2つであることがわかります。もう1つの解き方については、赤と青をそれぞれ1つずつ取り出していくと、最後に赤のおはじきが2つ余りますから、おにぎりが2つ少ないということがわかります。

【おすすめ問題集】
　Ｊｒ・ウォッチャー37「選んで数える」、38「たし算・ひき算1」、
　39「たし算・ひき算2」、42「一対多の対応」

〈準　備〉　鉛筆

〈問　題〉　①秋の花を選んで○をつけてください。
　　　　　　②秋の次に来る季節と同じ季節のものに○をつけてください。

〈時　間〉　1分

〈解　答〉　①左端（コスモス）　②右から2番目（羽子板）

[2020年度出題]

 **学習のポイント**

当校の常識分野の問題は、季節だけではなく、理科、生活常識などから幅広く出題されています。とはいえ、それ自体は小学校進学前のお子さまにとって身近なものばかりですから、ふだんの生活の中で学ぶことは充分に可能です。机の上の学習で知識を増やすのではなく、日常生活の経験に沿った学習を心掛けましょう。①は秋の花について聞かれました。お子さまが秋の花と言われて、ピンとくれば簡単な問題です。正解はコスモスですが、ほかの秋の花には、ほかにキンモクセイ、リンドウなどがあります。このような季節に対しての知識・意識を深めるためには、実際に出掛け、探してみることが大切です。直接見ることによって、花の名前だけではなく、その花のにおいや大きさなど、さまざまな感覚で理解することができるからです。②も同様です。日本は季節ごとの行事が盛んです。「その季節ならでは」を体感できる行事に積極的に参加しましょう。

【おすすめ問題集】
　　Ｊｒ・ウォッチャー－34「季節」

〈 準 備 〉 鉛筆

〈 問 題 〉 ①左上の絵を見てください。短いホースで水を遠くまで飛ばすには、あなたなら どうしますか。「頭の上で振る」だと思う人は「○」を、「ホースの先を つまむ」だと思う人は「△」を、「ふつうにとばす」だと思う人は「×」 を、右上の四角に書いてください。

②右上の絵を見てください。外国人のお友だちが、お箸を使えずに困っていま す。あなたならどうしますか。「教えてあげる」だと思う人は「○」を、 「大人を呼ぶ」だと思う人は「△」を、「放っておく」だと思う人は「×」 を、右上の四角に書いてください。

③左下の絵を見てください。みんなで積み木を使って遊んでいますが、1人だ け輪に入っていない子がいます。あなたならどうしますか。「放っておく」 だと思う人は「○」を、「あの子1人で遊んでるとみんなに言う」だと思う 人は「△」を、「ねえ、いっしょに遊ぼうと声かける」だと思う人は「×」 を、右上の四角に書いてください。

④右下の絵を見てください。家族でご飯を食べています。どのように食べます か。「おしゃべりをしながら」だと思う人は「○」を、「勉強をしながら」 だと思う人は「△」を、「テレビをみながら」だと思う人は「×」を、右上 の四角に書いてください。

〈 時 間 〉 各15秒

〈解答例〉 ①△ ②○ ③× ④○

[2020年度出題]

---

 **学習のポイント**

当校で例年出題されている、さまざまなできごとに対してどのように対応するかを答える 問題です。当校は国際学級があるなど、グローバルな学習が特徴的なので、入試問題で も、外国のお友だちにどう対応するかということがよく出題されています。言うまでもな く、国籍など関係なく接するということが大切になります。②の問題は外国籍のお友だ ち、③は同じ国籍のお友だちに対してですが、同じように対応するということを心掛けま しょう。④の問題も同じです。この問題では家族と食事をとっていますが、家族同様にほ かの人と食事を取る場合のマナーも大切です。昨今では生活様式も多様性を増しています が、当校を志願されるのであれば、「ながら」の食事は好ましくないと考えましょう。つ まり、②③④は国籍・年齢に関係なく、どのようにコミュニケーションを取るかを観られ ているのです。他の人と話すこと自体があまり得意ではないお子さまもいるでしょう。そ のようなお子さまには、普段足を運ばない公園などに出掛け、わざと知らないお友だちと 遊ばせてみましょう。この問題だけでなく、行動観察の問題の対策にもなります。①の問 題は、実際にホースを使って経験していないと解くことができない生活体験の常識問題で す。ですから、解けなくても経験させれば問題ないでしょう。お子さまにホースを持た せ、どのようにしたら水を遠くへ飛ばせるか、経験させてください。

【おすすめ問題集】
Ｊｒ・ウォッチャー29「行動観察」、56「マナーとルール」

〈準　備〉　　「パプリカ」の音源、再生装置、緑色のテープ

〈問　題〉　　この問題の絵はありません。
　　　　　　　①模倣体操
　　　　　　　　Foorinの「パプリカ」の音楽に合わせて、お手本通りに踊る。
　　　　　　　②「言うこといっしょ　やることいっしょ」
　　　　　　　　緑色のテープで作られた線の真ん中に立っておく。
　　　　　　　　先生が「言うこといっしょ　やることいっしょ」とリズムをつけて歌ったあ
　　　　　　　　と、「まえ」「うしろ」「みぎ」「ひだり」と指示があるので、その指示の
　　　　　　　　方向へ両足でジャンプする。

〈時　間〉　　適宜

〈解　答〉　　省略

[2020年度出題]

 **学習のポイント**

運動テストは、10〜15名程度のグループに分かれて行われました。毎年、違った課題曲で行われる模倣体操のお手本は、すべて試験のためのオリジナル振り付けです。過年度の問題でも触れていますが、本来の振り付けを知っていても、それを踊ってはいけません。知っている曲が流れることで、つい調子にのってしまうことは充分予想できますが、あくまで、指定の振り付けを指示通りできるかどうかが観点となります。おそらく学校側もお子さまの「素」を引き出すために、世間で流行している課題曲を使用するのだと思われます。元気であることは何の問題もありませんが、脱線しがちな気質のお子さまは注意しましょう。本年度の課題曲は「パプリカ」でした。過去には、「Ｕ・Ｓ・Ａ」や「ＰＰＡＰ」などが出題されています。②の課題は、先生の指示に従った通りの方向へジャンプができているかどうかが観られています。指示にそってジャンプをするという簡単な課題なので、しっかりと指示を聞くということを意識しましょう。

【おすすめ問題集】
　　新運動テスト問題集、Ｊｒ・ウォッチャー28「運動」

〈準 備〉 お盆、ピンポン玉、カゴ

〈問 題〉 **この問題の絵はありません。**
①２人組を作り、ボール運びゲームをします。
②ペアになったお友だちと２人で、お盆の上にピンポン玉を乗せて線の内側で待っておく。先生の「はじめ！」の指示を聞いて、ペアのお友だちとお盆を持ちながら走り、遠くにおいてあるカゴの中へピンポン玉を入れてください、戻ってくる時もお友だちとお盆を持ちながら戻ってください。
③落とした時は、そのまま次の２人と交代してください。
④先生の「やめ！」という指示で、ゲームを終えてください。
⑤ピンポン玉が多く入っているグループが勝ちです。
※２人組の組み合わせを変えながら、３回ほど行う。

〈時 間〉 1分

〈解 答〉 省略

[2020年度出題]

 **学習のポイント**

この行動観察では、はじめて会うお友だちと協力しながら課題に取り組めるかどうかがポイントとなります。２人でお盆を持ってピンポン玉を運ぶという作業は、お互いの歩幅、持っている位置などを合わせないと、上手くできません。ですから、自分勝手な態度をとったり、逆に遠慮しすぎることはよい結果につながりません。お互いがしっかりと協調し合えるよう、掛け声をかけたり、相談しあったりできるとよいでしょう。また課題がリレー形式なので、結果を意識してしまいがちですが、保護者の方は、ここで観られているのは取り組む姿勢や態度である、ということをお子さまに意識させるようにしてください。お子さま自身だけでなく、ほかのお友だちも楽しむことができるように取り組むことができれば評価はよいものとなるでしょう。

【おすすめ問題集】
　Ｊｒ・ウォッチャー29「行動観察」

**家庭学習のコツ③** **効果的な学習方法〜問題集を通読する**

過去問題集を始めるにあたり、いきなり問題に取り組んではいませんか？　それでは本書を有効活用しているとは言えません。まず、保護者の方が、すべてを一通り読み、当校の傾向、ポイント、問題のアドバイスを頭に入れてください。そうすることにより、保護者の方の指導力がアップします。また、日常生活のさまざまなことから、保護者の方自身が「作問」することができるようになっていきます。

〈準備〉　ペットボトルのキャップ（５個ぐらい）

〈問題〉　※３名ずつのグループで行われます。
①質問１
・今日はここまで、どうやって来ましたか。
・お名前を教えてください。
②質問２
・何か植物や動物を飼っていますか。何を飼っていますか。
　（飼っていなかったら、何を飼いたいですか。）
・異性と遊ぶとするなら、何をして遊びますか。
・お友だちが公園で困っています。あなたならどうしますか。
③質問３
（問題17の絵を見せて）
・これは何ですか。
④質問４
　ペットボトルのキャップがここにあります。これで遊ぶとしたら、どの様に
　遊びますか。実際に今、遊んでみてください。

〈時間〉　１分

〈解答〉　省略

[2020年度出題]

 **学習のポイント**

例年、当校の面接は３名１組のグループで行われます。2020年度入試では面接官は１人
でした。順番に質問に答えていく形式なので、ほかの子の答えに影響されてしまうという
独特の難しさがあります。面接対策におけるポイントとして、答えを１つだけ準備するの
ではなく、複数用意しておくとよいでしょう。また、ほかの子と回答がかぶっても問題は
ありません。正直に同じであるということを伝えることが大切です。自分の考え、思うこ
と、その理由などそれらを自分の知っている言葉で伝えられる練習を繰り返しましょう。

【おすすめ問題集】
　面接テスト問題集、新口頭試問・個別テスト問題集

**問題18**　分野：制作　　　　　　　　　　　　　　　　　　　　　　　　創造

〈準備〉　落ち葉（複数枚）、細い木の枝（複数本）、画用紙（白）

〈問題〉　この問題の絵はありません。
①準備したものを使い、画用紙の上で何か好きなものを作ってください。
　（作り終えたら）
②作り上げたものは何ですか。教えてください。

〈時間〉　適宜

〈解答〉　省略

[2020年度出題]

制作の問題ですが、準備物がクレヨンや絵の具ではなく、落ち葉や細い木の枝なので、「何か好きなもの」を作ってください、と指示されても何を作ればいいのかわからない子が多いと思います。その意味では非常に難しい問題といえるでしょう。お子さま自身の今までの経験から、落ち葉や細い木の枝を使って何ができるかを考えなければいけません。お子さまが戸惑うようであれば、保護者の方といっしょに考えていきましょう。例えば、落ち葉や木の枝を何かに例えるということも1つの方法です。「お子さまに何の形に似ている？」と質問し、お子さまが答えたものをヒントに何ができるのか考えてみてください。具体例をあげるとするならば、お子さまが「羽」と答えたならば、保護者の方が「じゃあ羽のついたものを作ろうよ」というようにです。準備物そのものが制作向けのものではないので、出来上がった作品を見ても、抽象的で今ひとつ何かわからないものが出来上がるかもしれません。どういう点でそれらしさを表現した、ということを説明できれば評価へとつながっていきます。

【おすすめ問題集】
　　Ｊｒ・ウォッチャー25「生活巧緻性」

## 問題19　分野：お話の記憶　　　　　　　　　聞く 集中

〈 準 備 〉　鉛筆

〈 問 題 〉　明日は動物村の運動会の日です。小鳥さんは運動会に参加するみんなの様子を見て回りました。ウサギくんは、「明日は1等賞をとるぞ」と張り切って、庭を走っています。タヌキくんは、「つなひきでは絶対負けないぞ」と言って、晩ごはんをおかわりしました。キツネさんは熱を出して寝ています。「みんなとダンスをしたかったのになあ」と言いながら、残念そうな顔をしています。明日はお休みですね。カメさんは、「ビリになるのはいやだなあ。明日は雨が降らないかなあ」と、しぶしぶ準備をしています。
次の日の朝、おひさまが出ると、小鳥さんはとてもきれいな歌声で「ラララ～、みんなおはよう」と、みんなを起こしました。公園にみんなで集まって、運動会が始まりました。はじめの種目はつなひきです。ウサギくんチームとタヌキくんチームに分かれてつなを引きます。「エイッ、ウーン」みんな力一杯つなを引っ張り、タヌキくんチームが勝ちました。次はダンスです。みんなで輪になって踊りました。「キツネさんと一緒に踊りたかったね」とウサギくんは残念そうに言いました。その次はかけっこです。「ヨーイドン」と合図が鳴り、みんな一斉に走り出しました。カメさんは一生懸命走りましたが、ウサギくんとタヌキくんはずっと先まで行ってしまいました。「あーあ、ビリになっちゃうなあ」と思いましたが、それでも走っていると、途中でタヌキくんが転んでいました。「タヌキくん大丈夫かい」とカメさんが声をかけると、「イテテ、もう走れないや。僕の分まで頑張って」とタヌキくんは答えました。またしばらく走っていると、今度はウサギくんが休んでいます。「ウサギくん、大丈夫かい」とカメさんが言うと、「少し休んだら追いかけるよ。負けないからね」と言いました。カメさんはそのまま、走り続けました。ゴールが見えてきた時、後ろからウサギくんが追いかけてきました。カメさんは抜かれたくないので、ゴールまで急ぎました。「ゴールイン」勝ったのはカメさんです。ウサギくんは、あと1歩のところで追いつけませんでした。「やった。1等だ」カメさんは大よろこびです。「カメさんおめでとう」後からゴールしたタヌキくんとウサギくんも、お祝いの声をかけてくれました。

①左上の絵を見てください。運動会の前の日に、「つなひきでは絶対負けないぞ」と言ったのは誰ですか。選んで○をつけてください。

②右上の絵を見てください。運動会をお休みしたのは誰ですか。○をつけてください。また、なぜ運動会を休んだのですか。「ねぼうをしたから」だと思う人は「○」を、「熱を出したから」だと思う人は「△」を、「ビリになるのがいやだから」だと思う人は「×」を書いてください。

③カメさんはなぜ、「明日は雨が降らないかなあ」と思ったのですか。「風邪をひいたから」だと思う人は「○」を、「みんなとダンスをしたいから」だと思う人は「△」を、「かけっこに出たくないから」だと思う人は「×」を左下の四角に書いてください。

④右下の絵を見てください。かけっこで勝ったのは誰ですか。選んで○をつけてください。

〈時　間〉　各15秒

〈解　答〉　①タヌキ　②キツネ　理由：△　③×　④カメ

[2019年度出題]

 学習のポイント

お話の記憶の問題です。実際の試験では、女性の声を録音した音源が使用されました。お話は昨年よりも少し長くなりましたが、その内容は例年とほとんど変わっていません。また、当校の特徴の１つである、登場人物の言葉の理由を問う質問が、本年も出題されています。そのため、聞き取る、覚える、理由を考えるの３点を重視した対策練習をすすめるとよいでしょう。お話を聞き取り、覚えることについては、基本的な読み聞かせをくり返すことで、長いお話でも正確に覚えられるようになります。登場人物のそれぞれに対して、「誰が、（何を）どうした」を把握できるようにしてください。理由を考える時は、登場人物の行動やセリフをヒントに考えます。「熱を出したので（理由）」「運動会はお休み（結果）」というように、理由と結果をつなげると、覚えやすいかもしれません。③は、少しひねった問題です。雨が降ってほしい直接の理由は説明されていませんが、「ビリになるのはいやだなあ」という言葉からカメさんの気持ちを考えると、「かけっこに出たくない」という理由が思い浮かべられるでしょう。

【おすすめ問題集】
　　１話５分の読み聞かせお話集①②、　お話の記憶　初級編・中級編、
　　Ｊｒ・ウォッチャー19「お話の記憶」

---

**問題20**　分野：図形（鏡図形）　　　　　　　　　　　　　観察 考え

〈準　備〉　鉛筆

〈問　題〉　左上の絵を見てください。公園で遊んでいたクマさんが、お家に帰ってきました。手を洗っている時に鏡を見ると、泥がついた顔が写っています。クマさんの顔として、正しいものを選んで○をつけてください。

〈時　間〉　30秒

〈解　答〉　左下

[2019年度出題]

当校では例年、図形分野の問題が出題されています。それは、形の全体を把握してから細かい部分へ目を配る、観察の基本的な方法が身に付いているかどうかを観るためでしょう。本問は例年出題されている図形の構成ではありませんが、観点は同じです。鏡図形の問題では、鏡に映したものや、鏡に映った像として正しいものを選びます。鏡に映った像は、左右が反対になりますが、上下は変わりません。このことを理解した上で、絵の特徴的な部分の位置を確認していきます。本問では、クマの顔についている泥と、帽子の向きに注目します。泥は、鏡に映ったクマの左のほっぺに付いているので、実際にはクマの右のほっぺに付いています。この説明がわかりにくい場合は、「左のほっぺ」を「向かって右のほっぺ」と言い換えてもよいでしょう。つまり、「左」と「向かって右」は同じ方向を表し、それは「右」とは反対側ということです。少しややこしいので、お子さまが理解しやすい言葉を選んで、説明してあげてください。

【おすすめ問題集】
　　Ｊｒ・ウォッチャー８「対称」、48「鏡図形」

---

**問題21**　分野：数量（計数）　　　　　　　　　　　　　　　観察　集中

〈 準 備 〉　鉛筆

〈 問 題 〉　４枚の絵の中で、ドングリが１番多いのはどれですか。その絵の右上の四角に、○を書いてください。

〈 時 間 〉　１分

〈 解 答 〉　左下

[2019年度出題]

 学習のポイント

それぞれの絵の中にあるドングリを数える問題です。例年はお椀とお茶碗、靴などのように、「２個１対のものをまとめて数える」問題が出題されていましたが、この年度は数種類のものの中から「選んで数える」問題となっています。しかし、１ケタの数を正確に数えるという点に変わりはありません。問題のちょっとした変化で慌てることのないように、基本的な力を身に付けることを心がけてください。本問のように、ランダムに散らばったものを数える時は、絵の上から下までをひとまとめにして、左からなら左からと一定の方向で、順に絵を見ていくことがポイントです。例えば左上の絵のイチョウの葉は、絵の左側の真ん中と、下の方にあります（１・２個目）。そのまま視線を右へ動かすと、中央あたりの上と真ん中に、縦に２つ並んでいます（３・４個目）。さらに右を見ると、下の方に１つあります（５個目）。このように視線を一定の方向へ動かしていくと、数え忘れや重複による失敗を減らすことができます。

【おすすめ問題集】
　　Ｊｒ・ウォッチャー37「選んで数える」

〈 準 備 〉　鉛筆

〈 問 題 〉　①上の段の左の絵を見てください。ペットボトルを開ける時、フタをどちらに
　　　　　　　回しますか。正しい方向の矢印に〇をつけてください。
　　　　　　②上の段の右の絵を見てください。この中で、空を飛ぶ生きものはどれです
　　　　　　　か。選んで〇をつけてください。
　　　　　　③下の段の絵を見てください。この中で、十五夜に飾るものはどれですか。選
　　　　　　　んで〇をつけてください。

〈 時 間 〉　1分

〈 解 答 〉　下図参照

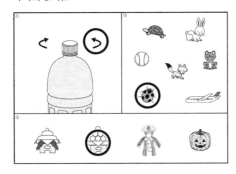

[2019年度出題]

 **学習のポイント**

当校の常識分野の問題は、理科や生活常識を中心に、幅広い分野から出題されています。
ふだんの生活の中で、学ぶきっかけになるようなことは、機会を逃さないようにしてく
ださい。例えば①は、「右手でボトルを押えて、左手でこっち（反時計回り）に回した」
と、ペットボトルを開けた時のことを思い出せれば答えらえます。お子さまが1人ででき
るようなことを、自分から「やりたい」と言って取り組んでいれば、このような問題は非
常に簡単に答えられるでしょう。引っ込み思案で、身の回りのことを自分ですることをた
めらってしまうお子さまもいますが、できるだけ1人で、さまざまなことに取り組む機会
を作るようにしてください。また②については、「空を飛ぶ生きもの」という指示を聞き
逃さなければ答えられます。ウサギやカエルは「跳ぶ（はねる）」生きものです。飛行機
も同様にひっかけの選択肢です。ていねいに聞き取って、よく考えて答えることを忘れな
いようにしてください。

【おすすめ問題集】
　Ｊｒ・ウォッチャー12「日常生活」、27「理科」、55「理科②」

〈準　備〉　鉛筆

〈問　題〉　①左上の絵を見てください。お母さんと女の子が、お祭りで風船を買いました。でも、買ってもらった風船が飛んで行ってしまいました。あなたならどうしますか。「泣いてもう1度買ってもらう」だと思う人は「○」を、「見つかるまで探す」だと思う人は「△」を、「仕方がないからあきらめる」だと思う人は「×」を、右上の四角に書いてください。
　　　　　②右上の絵を見てください。朝、外国人のお友だちが、「ボンジュール」と声をかけてきました。あなたならどうしますか。「ボンジュールと答える」だと思う人は「○」を、「日本ではおはようと言うことを教える」だと思う人は「△」を、「黙ってどこかへ行く」だと思う人は「×」を、右上の四角に書いてください。
　　　　　③左下の絵を見てください。公園のすべり台で遊ぼうとしたら、小さな子が走ってきました。あなたならどうしますか。「小さな子に譲る」だと思う人は「○」を、「捕まえて、文句を言う」だと思う人は「△」を、「取られないように走って先に行く」だと思う人は「×」を、右上の四角に書いてください。
　　　　　④右下の絵を見てください。落ち葉がたくさん落ちています。あなたならどうしますか。「火をつけて焼きイモをする」だと思う人は「○」を、「きれいな葉を探す」だと思う人は「△」を、「ほうきで掃いて片付ける」だと思う人は「×」を、右上の四角に書いてください。

〈時　間〉　各15秒

〈解答例〉　①×　②△　③○　④×

[2019年度出題]

 **学習のポイント**

　さまざまな場面でのふるまいに関する常識問題です。当校では、お友だちや身近な人たち、特に外国人の方とのコミュニケーションに関する質問が例年出題されています。この点において、外国人だからといって特別な対応が求められているわけではありません。むしろ、いつもと変わらない接し方をできるかどうかが観られています。本問で扱われた4つの場面と似たような状況を、お子さまは少なからず経験していると思います。例えば、買ってもらったアイスを落とした、知らない子に声をかけられたなどです。その経験と本問の場面を照らし合わせて、最善の回答を選ぶのが理想です。当校では、口頭試問でも同様の質問をされることがあるので、お子さまの体験を整理しておくことが対策として有効です。本問を解き終えた後で、お子さまが同じような体験をした時の話を聞いて、実際にその時したことや、できなかったことを言葉にするとよいでしょう。

【おすすめ問題集】
　Ｊｒ・ウォッチャー29「行動観察」、56「マナーとルール」

**問題24** 分野：運動 　　　　　　　　　　　　　　　　　　　　聞く｜協調

〈準　備〉 雑巾、ビニールテープ（緑色）、「Ｕ．Ｓ．Ａ．」の音源、再生装置

〈問　題〉 この問題の絵はありません。
①模倣体操
　ＤＡ　ＰＵＭＰ「Ｕ．Ｓ．Ａ．」の音楽に合わせて、お手本通りに踊る。
　手足を左右交互に動かし、サビの部分で「カモン」と大きな声を出す。
②ケンケンパー
　スタートからケンパで往復する。緑色の線を踏んでから始めること。
　最後の「パー」の時は、両手を大きく広げてポーズをとる。
　終わったら元の場所に戻って体操座りをして待つ。
※体育館に入場する際は、靴底を雑巾で拭う。

〈時　間〉 適宜

〈解　答〉 省略

[2019年度出題]

 学習のポイント

運動テストは、10～15名程度のグループに分かれて行なわれました。模倣体操のお手本
は、試験のためのオリジナル振り付けです。テレビや動画サイトなどで、踊れる曲として
人気のある曲ですから、振り付けも含めて覚えているお子さまも多いことと思われます。
しかし、ここでは指示通りのことができているかどうかが評価されますので、知っている
ものではなく、お手本の振り付けを踊らなくてはいけません。また、もとの振り付けを知
らなかったとしても問題ありません。元気よく楽しむことを心がけさせてください。また
体育館には、雑巾で靴底を拭いてから入ることになっています。当校はこの点も観点とし
ているので、注意してください。

【おすすめ問題集】
　新運動テスト問題集、Ｊｒ・ウォッチャー28「運動」

**問題25** 分野：行動観察 　　　　　　　　　　　　　　　　　　　　協調｜聞く

〈準　備〉 裏面に色を塗ったカード（赤、黄、水色、黒）各２枚、

〈問　題〉 この問題の絵はありません。
※この課題は、５人程度のグループで行う。
①グループのメンバーで２人組を作り、色当てゲームをします。
②ペアになったお友だちと２人で、カード置き場にあるカードを２枚選んでひ
　っくり返す。
③同じ色が出たら、カード置き場の先にあるカゴに入れてから、次の２人と交
　代する。
④間違えた時は、そのまま次の２人と交代する。
⑤カードが先になくなったグループが勝ち。
※２人組の組み合わせを変えながら、３回ほど行う。

〈時　間〉 1分

〈解　答〉 省略

[2019年度出題]

行動観察の課題は、チーム対抗の、色の付いたカードを使った神経衰弱ゲームでした。記憶力だけでなく、同じチームのメンバーが色を当てられるように協力するなど、協調性やコミュニケーション力も必要です。この課題では、ペアになったお友だちと短い時間で息を合わせることができるか、また、カードが外れた時にどう振る舞うかなどが観られていると考えられます。ペアの子と息を合わせるには、相手の性格に合わせて、自分がリードするか、一歩引いて相手をサポートするかを変えられるのが理想的ですが、お子さまにそのような判断は難しいことです。まず、お友だちとペアになった時に、「がんばろうね」と声をかけてみるとよいでしょう。その時の反応で、お子さまが自分の役割を変えるきっかけが作れるかもしれません。

【おすすめ問題集】
　　Ｊｒ・ウォッチャー29「行動観察」

## 問題26　分野：面接・口頭試問　　　　　　　　　　　聞く　話す

〈 準 備 〉　なし

〈 問 題 〉　※3名ずつのグループで行われます。
①質問1
・今日はここまで、どうやって来ましたか。
・朝ごはんは食べましたか。

②質問2（全員に1問、個人に1問）
・お友だちとパンを半分こしようとしたら、片方が大きく、もう片方が小さくなってしまいました。どちらをお友だちにあげますか。
・公園に遊びに行きます。大きなボールと小さなボール、あなたはどちらを持って行きますか。
・レストランへ行きました。頼んだものの中に嫌いなものが入っていました。その時どうしますか。
・レストランへ行きました。テーブルにジュースをこぼしてしまいました。あなたはどうしますか。
・スーパーへ行きました。途中でお母さんとはぐれてしまいました。その時どうしますか。
※それぞれの回答に対して、「それはなぜですか」と理由をたずねる。

③質問3
（問題26の絵のそれぞれを指さしながら）
・これは何ですか。

〈 時 間 〉　5分程度

〈 解 答 〉　省略

[2019年度出題]

**学習のポイント**

口頭試問では受験者が３名１組のグループにわけられ、１教室に２グループが入り、それぞれのグループに先生が１人ずつ付いて行われました。質問①で公共交通機関を使って来たかどうか、また生活習慣が適切かどうかが確認されています。質問②では、状況に応じた判断と、その理由が説明させられました。問題23と同様に、経験と照らし合わせて説明できるとよいでしょう。理由を説明する時には、「～だから」と言うだけでなく、その内容が理由として成立しているかどうかをチェックしておくようにしてください。質問③では、イラストに描かれたものの名称を答ます。２～３個の名称を答えるのみで、その後に詳しい説明などは求められなかったようです。シンプルな課題だからこそ、名称だけを答えるのではなく、「～です」と語尾を整えて答えられるようにしてください。

【おすすめ問題集】
　面接テスト問題集、新口頭試問・個別テスト問題集

---

**問題27**　　分野：制作　　　　　　　　　　　　　　　　　　　観察　話す

〈準　備〉　折り紙（１セット）

〈問　題〉　**この問題の絵はありません。**
　　　　　　※３名ずつのグループで行われます。
　　　　　　※チューリップ、コップ、チョウなどの中から１つ折ります。
　　　　　　（先生がお手本を見せる）
　　　　　　①お手本の通りに、折り紙を折ってください。
　　　　　　②今と同じものを、「やめ」というまでに、たくさん折ってください。
　　　　　　③今、どのようなことに気を付けて折りましたか。話してください。

〈時　間〉　適宜

〈解　答〉　省略

[2019年度出題]

---

 **学習のポイント**

お手本で見た通りの形を、折り紙で作る課題です。題材は３つの中からランダムに選ばれますが、どれも難しいものではありません。年齢相応に折り紙ができれば問題ないでしょう。本問では、①で作ったものを、②でたくさん折ります。「たくさん」と指示されると、気持ちが早さや量に向いてしまい、ていねいさが疎かになりがちです。そんな時に③の質問をされると慌ててしまい、悪い意味で「素の姿」を見せてしまうかもしれません。制作の課題では、「作業は１度でていねいに」することが、質と量を両立させるためのポイントです。お子さまの気持ちを急がせてしまうような課題では、先のポイントを踏まえて、質を落とさない程度にテキパキと進めることが大切です。

【おすすめ問題集】
　Ｊｒ・ウォッチャー25「生活巧緻性」

〈準　備〉　鉛筆

〈問　題〉　お話を聞いて後の質問に答えてください。
ウサギくんとタヌキくんとカメさんは、3人で冒険に行くことにしました。次の日の朝、海岸に集合すると、カメさんが、「ごめんなさい。風邪をひいちゃって行けないの。でも、ボートを作ったから、これに乗っていってね」と言いました。ウサギくんとタヌキくんは、カメさんに見送られて、冒険の旅に出発しました。ボートに乗ったウサギくんが「お菓子の国へ行こうよ」と言うと、タヌキくんは「僕は、おもちゃの国に行きたいな。そうだ、先にお菓子の国へ行って、その後でおもちゃの国へ行こう」と言い、お菓子の国へ行きました。お菓子の国には、おいしいお菓子がたくさんあります。ウサギくんは、ケーキを見つけて走っていきましたが、その途中で転んで足をケガしてしまいました。「えーん、足が痛いよ」と泣いていると、タヌキくんが「急いで走ったからだよ。気を付けようね。さあ、ケーキを食べよう」と言って、ケーキを渡してくれました。おいしいケーキを食べたウサギくんは、足が痛いのも忘れて、元気になりました。それからウサギくんとタヌキくんは、おもちゃの国へ行きました。おもちゃの国には、いっぱいおもちゃがあります。ウサギくんとタヌキくんは大よろこびです。「楽しかったね」、おもちゃで遊び終わってから、2人はカメさんへのおみやげを買って帰りました。

①1番上の段を見てください。お話に出てこなかったのは誰ですか。〇をつけてください。
②上から2段目を見てください。冒険に行かずに、みんなを見送ったのは誰ですか。〇をつけてください。また、なぜ冒険に行かなかったのですか。「足が痛いから」だと思う人は「〇」を、「風邪をひいたから」だと思う人は「△」を、「冒険がつまらないから」だと思う人は「×」を書いてください。
③ウサギくんは、なぜ泣いたのですか。「お菓子の国にもっといたいから」だと思う人は「〇」を、「足が痛いから」だと思う人は「△」を、「おもちゃの国に早く行きたいから」だと思う人は「×」を、1番下の段に書いてください。

〈時　間〉　各15秒

〈解　答〉　①左から2番目（キツネ）　②〇：右端（カメ）　理由：△　③△

[2018年度出題]

当校のお話の記憶では、お話が短めで、質問もそれほど難しくないものが出題されます。出来事や登場人物の気持ちについて、理由を質問されます。お話を聞きとる時には、「誰が」「どうした」に加えて、「なぜ、なんで」ということにも注意しながら覚えていくことが大切です。理由を問う質問では、選択肢がいくつか読み上げられて、その中から選んで記号を書くという形式になっていることにも注意が必要です。この形式では、選択肢を見ながら答えを考えることができません。このような特徴をふまえた上で取るべき対策は、「聞き取る力の向上」です。具体的には、登場人物、出来事、理由など問われやすいポイントを確実に聞き取る力、お話や指示を最後まで聞き取ってから答えを判断する力が身に付くように、目標を決めて読み聞かせや問題練習に取り組みます。例えば、「出来事を聞き逃さない」という目標の日は、読み終わった後で出来事に関する質問をしたり、出来事に関する設問への評価を高くしたりするなどの工夫をするとよいでしょう。大切なのは目標をもって課題に取り組むことなので、負荷をかけすぎないように注意し、お子さまの反応を見ながら進めてください。

【おすすめ問題集】
　　1話5分の読み聞かせお話集①②、お話の記憶　初級編・中級編、
　　Jr・ウォッチャー19「お話の記憶」

---

**問題29**　　分野：図形（図形の構成）　　　　　　　　　　　　観察 集中

〈 準 備 〉　鉛筆

〈 問 題 〉　左の絵の形を作るのに必要な積み木を、右の絵の中から選んで○をつけてください。

〈 時 間 〉　1分

〈 解 答 〉　下図参照

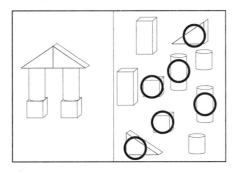

[2018年度出題]

 **学習のポイント**

図形の構成の問題では、お手本の図形を、小さな図形の集合としてとらえる力が求められています。また、本年度は平面図形ではなく、積み木を使った問題となりました。お手本をよく見て、使われている積み木を1つひとつ確認していく観察力も観点であると考えられます。この分野の問題では、小さな図形、特に三角形を組み合わせた時にできる形を何種類も知っていると、スムーズに答えを出すことができます。タングラムなどの正三角形、直角三角形のパズルを2つ用意して、それぞれの辺を合わせてみてください。四角形になったり、大きな三角形ができたりすることを、体験的に理解させておくとよいでしょう。積み木のような立体の場合には、組み合わせのバリエーションはもっと増えます。練習問題に取り組む時も、先に三角形の組み合わせの部分を考えるようにすると、残りの形がわかりやすくなります。考え方が身に付いた上で練習問題をこなすことで、より一層理解度が進みます。

【おすすめ問題集】
　　Ｊｒ・ウォッチャー9「合成」、16「積み木」、54「図形の構成」


**問題30**　分野：数量（選んで数える・一対多の対応）　　　　観察　集中

〈 準 備 〉　鉛筆

〈 問 題 〉　バラバラに散らばっている長靴と靴を片付けます。正しく片付けられている絵に、〇をつけてください。

〈 時 間 〉　20秒

〈 解 答 〉　〇：1番下

[2018年度出題]

 **学習のポイント**

数量の問題です。当校の入試問題では、食器や手袋などの1組・1対で使うことが多いものを数える問題が、よく出題されています。この問題では、10程度の数を正確に数える力はもちろんのこと、「靴は左と右の2個で1足」のように、1組・1対のものをまとめてとらえる常識の有無も観られています。その点では、常識分野の問題の1種とも言えます。しかし、そのような意味付けを過度にする必要はありません。当校のような、応募者が多く、倍率も高い学校では、「指示を正確に聞き取ること」「1つひとつの作業を正確に行うこと」、つまり正確さが合否のポイントになります。試験の場でどんなに緊張していても、保護者の方と離れて不安な時でも、ふだんと同じような正確さを保てるようになることを目指してください。数量分野で練習する場合は、時間を計って急がせてみたり、保護者の方が途中で席を外したりするなどの工夫をしてみるのもよいでしょう。

【おすすめ問題集】
　　Ｊｒ・ウォッチャー37「選んで数える」、42「一対多の対応」

〈準備〉　鉛筆

〈問題〉　①左上の絵を見てください。外国人のお友だちが、砂場でどのように遊んでよいかわからずに困っています。この時、外国人のお友だちに、何と言えばよいと思いますか。「いっしょに遊ぼうよ」だと思う人は「○」を、「スコップを貸してあげるよ」だと思う人は「△」を、「遊ぼうと言ってくれないので怒る」だと思う人は「×」を、右上の四角に書いてください。
　　　　　②右上の絵を見てください。お部屋で遊んでいたら、ジュースをこぼして、服を濡らしてしまいました。この時、どうすればよいと思いますか。「1人で着替える」だと思う人は「○」を、「お母さんに着替えさせてもらう」だと思う人は「△」を、「服を脱いで、着替えずに遊ぶ」だと思う人は「×」を、右上の四角に書いてください。
　　　　　③左下の絵を見てください。道で車イスの人とすれ違ったらどうしますか。そのままだとぶつかります。「声をかけずに遠回りする」だと思う人は「○」を、「どいてあげる」だと思う人は「△」を、「気にせずにそのまま歩く」だと思う人は「×」を、右上の四角に書いてください。
　　　　　④右下の絵を見てください。お友だちと積み木で遊んでいます。お友だちの積み木が少ししかありません。この時、どうすればよいと思いますか。「違う遊びをしようと声をかける」だと思う人は「○」を、「気にしないで積み木を作る」だと思う人は「△」を、「自分の積み木を分けていっしょに遊ぶ」だと思う人は「×」を、右上の四角に書いてください。

〈時間〉　各15秒

〈解答〉　省略

[2018年度出題]

 **学習のポイント**

　さまざまな場面で取るべき行動に関する常識問題です。当校では、お友だちや身近な人たち、特に外国人とのコミュニケーションに関する質問が出題されています。外国人だからといって特別な対応が求められているわけではありません。むしろ、いつもと変わらない接し方をできるかどうかが観られています。また、本問の課題では、一般的な正解以外にも、お子さまにとって正しいと考えられるものがあります。一般的に正しいと思われるものを選んでも、また、それ以外のものを選んだとしても、お子さまに必ず理由を説明させてください。判断した理由が妥当なものであれば、正解とした上で、一般的な判断についての説明を補うとよいでしょう。

【おすすめ問題集】
　　Ｊｒ・ウォッチャー29「行動観察」、56「マナーとルール」

〈準 備〉 鉛筆、ドアをノックする音が録音された音源、再生装置

〈問 題〉 ①１番上の段を見てください。この中で、育つと１番大きくなる野菜はどれですか。選んで〇をつけてください。
②真ん中の段を見てください。この中で、土の中で育つ野菜はどれですか。選んで〇をつけてください。
③１番下の段を見てください。今から音が鳴ります。その音が鳴っている絵を選んで、〇をつけてください。
（ドアをノックする音を再生する）

〈時 間〉 各15秒

〈解 答〉 ①右から２番目（スイカ）　　②右端（ダイコン）　　③左から２番目

[2018年度出題]

 学習のポイント

当校の常識分野の問題は、理科・言語・生活常識などから、幅広く出題されます。身の回りのことがらに関する出題が多く、難易度はそれほど高くありませんので、小学校入学前のお子さまとしての基本的な生活体験や知識が身に付いているかどうかが観られていると思われます。このような知識は、日常生活とつながっているものがほとんどです。ふだんの生活の中で知らないものがあった場合は、その都度教えていくとよいでしょう。その一方で、本や映像資料などを使用して、知識を増やしていくことも進めてください。その際には、ものの名称のほかに、特長や使い方、季節など、付随する情報を加えるようにしていくと、試験に向けて効率よく知識を身に付けることができます。

【おすすめ問題集】
Ｊｒ・ウォッチャー－27「理科」、34「季節」、55「理科②」

〈準 備〉 わりばし

〈問 題〉 この問題の絵を参考にしてください。
※この問題は４人程度のグループで行う。
①グループのメンバーで２人組を作り、わりばし運び競争をします。
②ペアになったお友だちと２人で、片手のひとさし指でわりばしを片方ずつはさんだら、向こうの机のところまで運びます。
③机の上にわりばしを置いたら、青い線の上の通ってスタートまで戻り、次の人にタッチします。わりばしを落としてしまった時は、その場所からもう１度やり直してください。
④「やめ」と言うまで続けてください。最後にわりばしをたくさん運んだチームの勝ちです。
※２人組の組み合わせを変えながら、４回ほど行う。

〈時 間〉 適宜

〈解 答〉 省略

[2018年度出題]

行動観察の課題では、お友だちと協力してわりばし運び競争を行いました。ひとさし指でわりばしをはさむこと自体が難しいのに加え、ゴールまで運びほかのチームと競争する、組み合わせを変えるなどの指示によって、さらに難しくなっています。難しいだけに、ペアになったお友だちと短い時間で息を合わせることができるか、失敗した時どうするかなどが観られていると考えられます。他の年度の行動観察では、この年度ほど難しい課題はありませんでした。指示をよく聞いて、積極的に参加する姿勢を大切にしてください。年齢相応の協調性やコミュニケーション力があれば、それほど難しいことではないでしょう。その上で、難しい課題が出された場合にも対応できるように、お子さまの手にあまるような、難しい課題を与えて、失敗から学ぶような練習も、加えてみてください。

【おすすめ問題集】
　　Ｊｒ・ウォッチャー29「行動観察」

---

**問題34**　分野：面接・口頭試問　　　　　　　　　　　　聞く｜話す

〈準　備〉　あらかじめ、問題34の絵を枠線に沿って切り、カードを作っておく。

〈問　題〉　※３名ずつのグループで行われます。
　　　　　・あなたの名前を教えてください。
　　　　　・お母さんと、ふだん何をして遊んでいますか。
　　　　　・どんな時に、お母さんはあなたを抱っこしてくれますか。
　　　　　・（いろいろな顔のカードを見せて）
　　　　　　この絵は、どんな時の顔ですか。
　　　　　　（答えに合わせて）
　　　　　　どうしてこの顔にになったと思いますか。
　　　　　　じゃあ、どうやって、この子を誘って遊びますか。
　　　　　　じゃあ、どうやって、この子を慰めますか。
　　　　　・（ほかの絵のカードを見せて）
　　　　　　これは何ですか。

〈時　間〉　適宜

〈解　答〉　省略

[2018年度出題]

---

 学習のポイント

口頭試問では、受験者が３名１組のグループに分けられ、１教室に２グループが入り、それぞれのグループに先生が１人ずつ付いて行われました。質問は、家庭環境や親子の関わりに関する簡単なものでした。質問内容に対しては、取り繕わずに素直に答えればよいでしょう。その際の答え方として、「はい、○○です」とはっきり答えられるように練習をしておきましょう。また、カードを使った質問は、常識分野と共通する部分が多く、答えに対してさらに質問をされる形式で進められました。ふだんの練習の際にも、「もう少し詳しく教えて」「じゃあ、どうすればいいと思う」などと、試験を意識した質問を加えてみてください。

【おすすめ問題集】
　　面接テスト問題集、新口頭試問・個別テスト問題集

〈準　備〉　Ａ４サイズの白い箱、大きめの白い布（２枚）、おはじき（50個程度）

〈問　題〉　この問題の絵はありません。
　　　　　①白い布の上におはじきを並べて、乗りもの（動物）を作ってください。
　　　　　②何を作ったのか、発表してください。
　　　　　③おはじきを箱に入れ、布もたたんで箱に入れてください。

〈時　間〉　10分

〈解　答〉　省略

[2018年度出題]

 **学習のポイント**

布を敷いた上に、おはじきを並べて形を作ります。男子は「乗りもの」、女子は「動物」が課題でした。用意されたおはじきの中に、思い通りの色のものがあるとは限りませんので、色よりも形で特徴が伝わるものを作れるとよいでしょう。このような課題では、上手に作れないというよりも、何を作るのかを決められなくて困ってしまうことが多いです。乗りもの、動物、花などについては、試験の時に特に指定がないならば、作るものをあらかじめ２種類程度決めておいてください。すぐに制作に取りかかれるので、その分余裕を持って課題に取り組むことができるようになります。

【おすすめ問題集】
　　Ｊｒ・ウォッチャー25「生活巧緻性」

**問題36**　分野：お話の記憶　　　　　　　　　　　　　　　　　　　　　　　　　聞く　集中

〈準　備〉　鉛筆

〈問　題〉　お話を聞いて後の質問に答えてください。
　　　　　キツネさんとクマさんとウサギさんはお祭りに行くことにしました。お祭りの会場に着くとクマさんが「最初にかき氷屋さんに行こうよ」と言いました。ウサギさんは「私はわたあめ屋さんに行きたいな」と言いました。キツネさんは「たこ焼きが食べたい！」と言いました。３人はどのお店に最初に行くかで言い争っていましたが、しばらくして、クマさんが「しょうがないな。ぼくは２番目でいいよ」と言いました。それを聞いてウサギさんが「じゃあ私は最後でいいわ」と言いました。キツネさんは「譲ってくれてありがとう」と言って、自分が最初に食べたいものを売っているお店に走っていきました。

　　　　　①３人が２番目に行ったお店で売っている食べものはどれですか。正しいものを上の段から選んで、○をつけてください。
　　　　　②最初のお店でキツネさんはどんな気持ちになったと思いますか。下の段の四角に「みんなが自分の言うこと聞いてくれてうれしい」だったと思う人は「○」を、「次はほかの人に順番を譲ろう」だったと思う人は「△」を、「次は１人でお祭りに行こう」だったと思う人は「×」を書いてください。

〈時　間〉　各30秒

〈解　答〉　①かき氷（左端）　　②省略

[2017年度出題]

お話はそれほど長くありませんが、設問の①②ともに直接的な表現がないという点が少し
わかりにくいかもしれません。また、②は登場人物の気持ちを答える問題です。特に間違
いという選択肢はありませんが、相手の気持ちを考える時は、できるだけ客観的に考えら
れるとよいでしょう。当校の入試は「年齢相応の常識・コミュニケーション能力がある
か」という観点で行なわれています。「入学してから、スムーズに学校生活が送れるか」
という点をチェックしているのです。基礎的な問題を中心とした出題傾向でもわかるよう
に、特別なハウツーが必要な問題はあまり出題されていません。対策学習が必要ないとい
うことではありませんが、机上の学習に偏らず、生活で「年齢相応の常識」を身に付ける
ことを重視してください。

【おすすめ問題集】
　　1話5分の読み聞かせお話集①②、　お話の記憶　初級編・中級編、
　　Jr・ウォッチャー19「お話の記憶」

---

**問題37**　分野：常識（マナー）　　　　　　　　　　　　　　　観察　公衆

〈準　備〉　鉛筆

〈問　題〉　①お友だちの家で外国人のお友だちと「すごろく」をしました。外国人のお友
　　　　　　だちはルールがよくわからなくて困っています。外国人のお友だちに何と言
　　　　　　えばよいと思いますか。「ルールを覚えてね」だと思う人は「○」を、「ル
　　　　　　ールを教えてあげる」だと思う人は「△」を、「別々に遊ぼう」だと思う人
　　　　　　は「×」を書いてください。
　　　　　　②電車の座席が空いていなかったので、立っていたら疲れてしまいました。
　　　　　　あなたならどうしますか。「床に座る」だと思う人は「◎」を、「空いてい
　　　　　　る席を探す」だと思う人は「○」を、「我慢する」だと思う人は「△」を、
　　　　　　「お家の人におんぶしてもらう」だと思う人は「×」を書いてください。

〈時　間〉　各30秒

〈解答例〉　①△　②△

[2017年度出題]

 学習のポイント

外国人とのコミュニケーションに関する問題は当校でよく出題されていますが、相手が
「外国人」である以外は通常のマナーの問題と何の違いもありません。ふだんから、相手
を思いやるように指導しておけば、相手が外国人でも、年長の人であっても、自然に接す
ることができるでしょう。本校の志願者に対して求められているのは、小学生になるにあ
たって必要とされるごく当たり前の対応です。特別なことと考えて、構えないほうがよい
でしょう。②はマナーと言うよりも、どのような躾が行なわれているかという観点です。
公共の場での振る舞いについては、日頃から気を付けるようにしておくとよいでしょう。

【おすすめ問題集】
　　Jr・ウォッチャー29「行動観察」、30「生活習慣」、56「マナーとルール」

〈 準 備 〉　鉛筆

〈 問 題 〉　①花にとまる虫はどれですか。上の段から選んで○をつけてください。
　　　　　　②今朝のごはんは何でしたか。下の段から選んで○をつけてください。

〈 時 間 〉　30秒

〈 解 答 〉　①右から2番目（ハチ）　②省略

[2017年度出題]

 **学習のポイント**

常識分野の①は理科、②は生活に関する出題です。当校の入試では、日常生活を通して学ぶこと、常識を備えていることを重要視しています。言い換えれば、保護者の方の考え方や行動を含めた家庭環境を観点としているともいえるでしょう。これからの入試でもこの傾向は続くと思われますから、机上の学習だけではなく、生活の中でお子さまの知識と考え方を指導するようにしてください。なお、②は特に不正解はありません。ただし、お菓子を朝食に食べると書くと、そのような家庭環境だと判断される可能性がある、ということは覚えておいてください。

【おすすめ問題集】
　Ｊｒ・ウォッチャー11「いろいろな仲間」、27「理科」、30「生活習慣」、
55「理科②」、56「マナーとルール」

〈 準 備 〉　鉛筆

〈 問 題 〉　左の見本の形を作るのに、右の5つの形の中から4つを選んで組み合わせます。使わないものに○をつけてください。

〈 時 間 〉　5分

〈 解 答 〉　①右から2番目　②左から2番目

[2017年度出題]

 **学習のポイント**

図形の構成の問題では、1つの図形が、小さな図形を組み合わせることで作られていることを感覚的にわかっているかどうかが観られます。慣れないうちは難しい問題ですので、最初は紙を切り抜いた図形を使い、それを切り分けて操作しながら、感覚をつかんでいくことが肝心です。なによりも図形に親しむことで、さまざまな図形を楽しみながら覚えることができます。ある程度慣れてきたらパズルなどを使用したり、遊び感覚でできるトレーニングをしたりすると、お子さまのやる気を保つことができるでしょう。

【おすすめ問題集】
　Ｊｒ・ウォッチャー45「図形分割」、54「図形の構成」

〈 準 備 〉　なし

〈 問 題 〉　この問題の絵はありません。
　　　　　①準備体操（模倣体操）
　　　　　　「ＰＰＡＰ」の曲に合わせて、お手本通りに踊る。
　　　　　②ケンケンパー
　　　　　　スタートからケンパで往復する。折り返しの線は必ず両足で踏む。
　　　　　③紙皿の上に片足をのせ、１回転する。
　　　　　　終わったら元の場所に戻って体操座りをして待つ。
　　　　　※体育館に入場する際は、靴底を雑巾で拭う。

〈 時 間 〉　適宜

〈 解 答 〉　省略

[2017年度出題]

 学習のポイント

準備体操は、上手に踊れるかどうかを観るものではありません。子どもらしく元気に体を
動かすことができれば充分です。体育館に入る前に雑巾で靴底を拭うことについては、具
体的な指示はなく、雑巾が体育館の入口に置いてあるだけです。これを無視して入ると、
テスターから「雑巾で靴底を拭きなさい」という注意があったそうです、基本的なマナー
として身に付けておきましょう。運動そのものに関しても年齢相応の体力があるかという
ことと、指示が理解できているかどうかを観るもので、特に準備の必要はありません。

【おすすめ問題集】
　　新運動テスト問題集、Ｊｒ・ウォッチャー28「運動」

①

②

③

④

2022年度　東京学芸大附属大泉小　過去　無断複製／転載を禁ずる　　日本学習図書株式会社

2022年度　東京学芸大附属大泉小　過去　無断複製／転載を禁ずる　日本学習図書株式会社

2022年度 東京学芸大附属大泉小 過去 無断複製／転載を禁ずる 日本学習図書株式会社

①

②

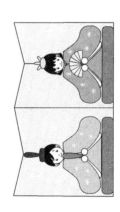

2022年度　東京学芸大附属大泉小　過去　無断複製／転載を禁ずる　日本学習図書株式会社

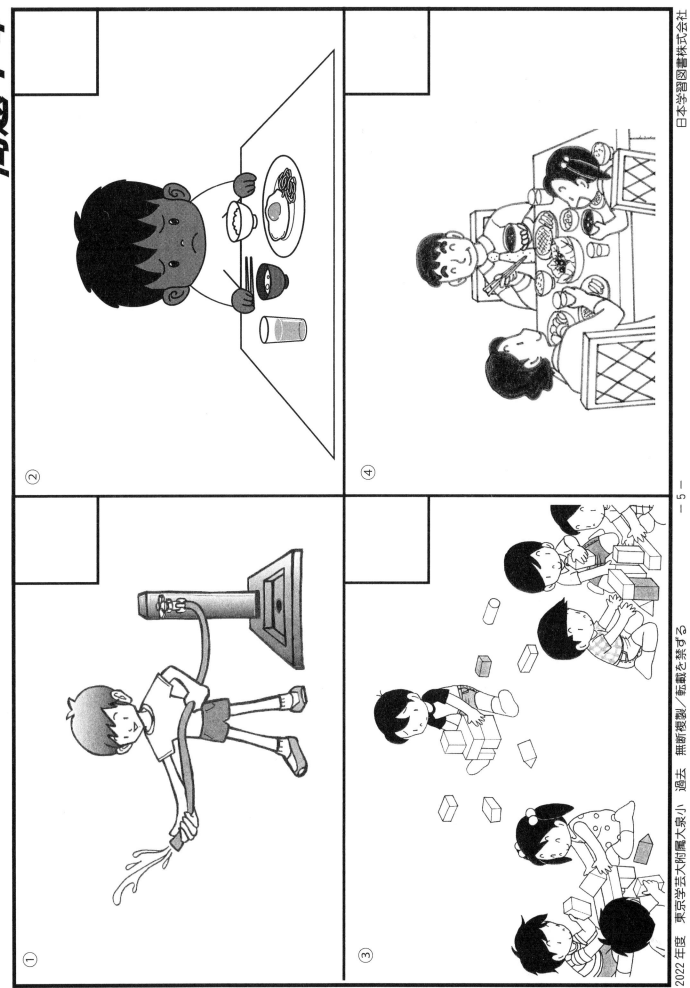

# 問題１７

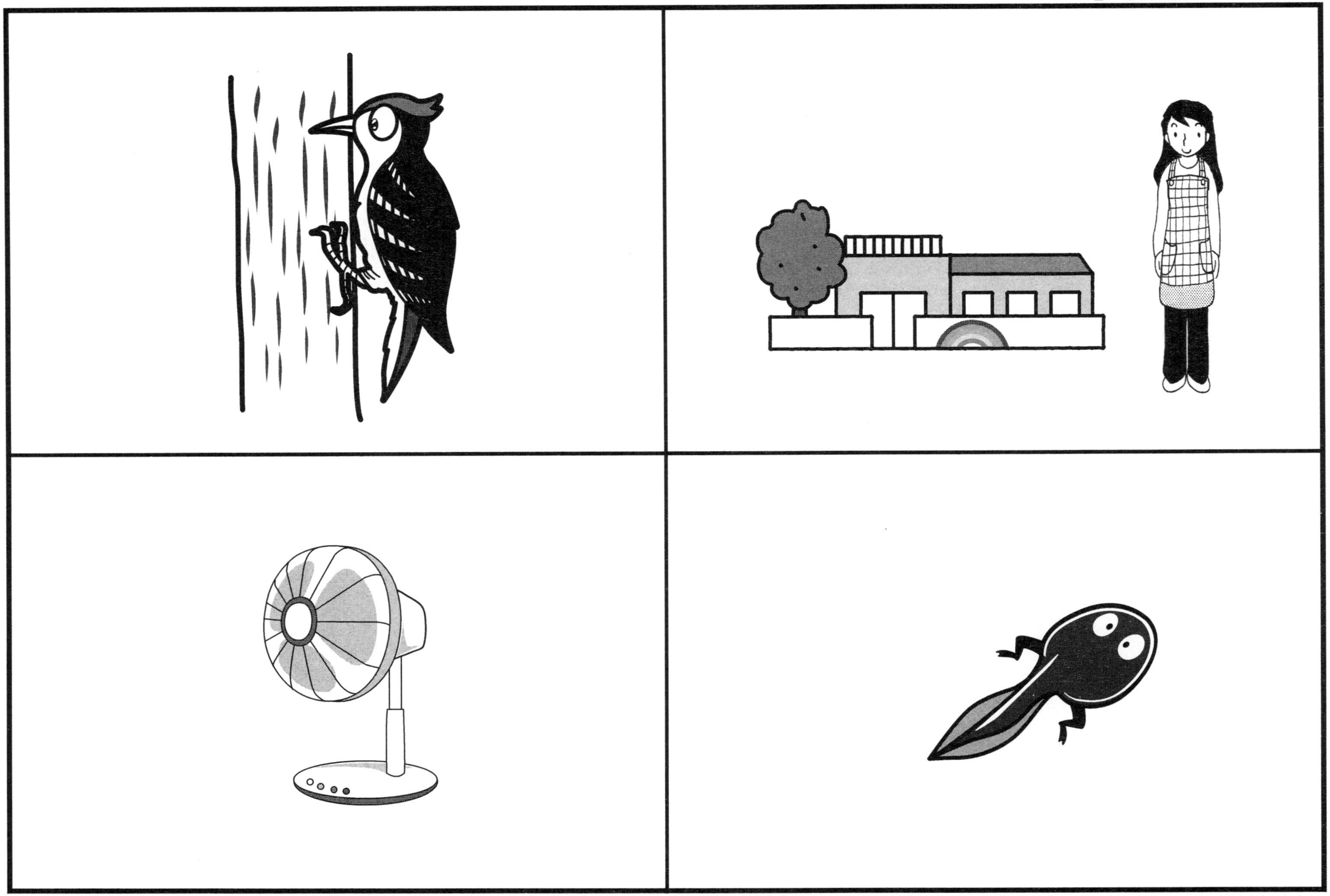

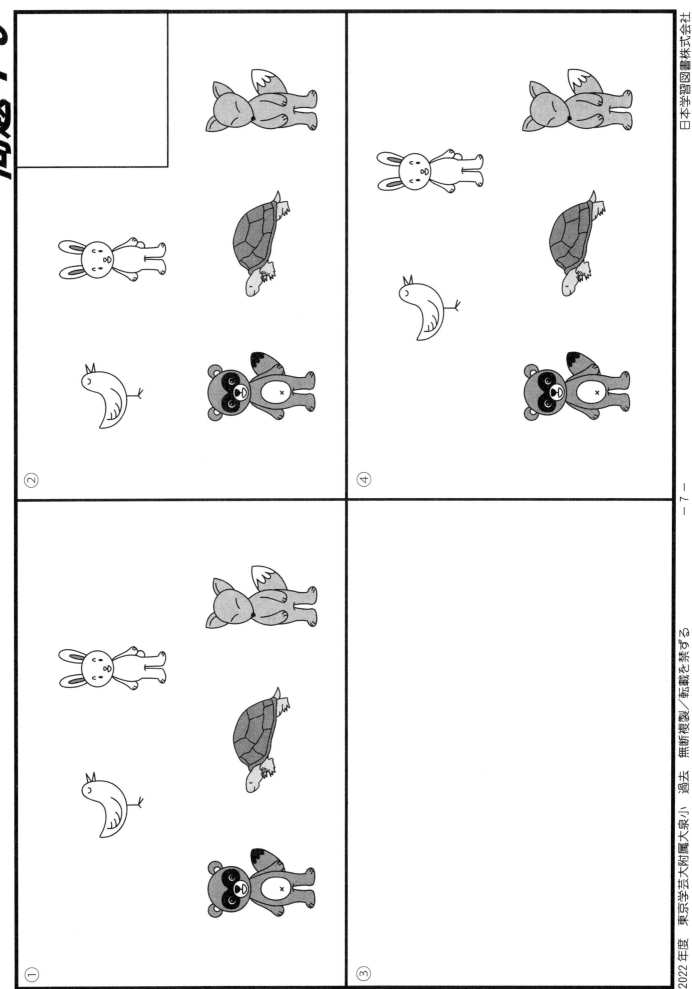

日本学習図書株式会社

2022 年度　東京学芸大附属大泉小　過去　無断複製／転載を禁ずる

2022年度　東京学芸大附属大泉小　過去　無断複製／転載を禁ずる　　　　日本学習図書株式会社

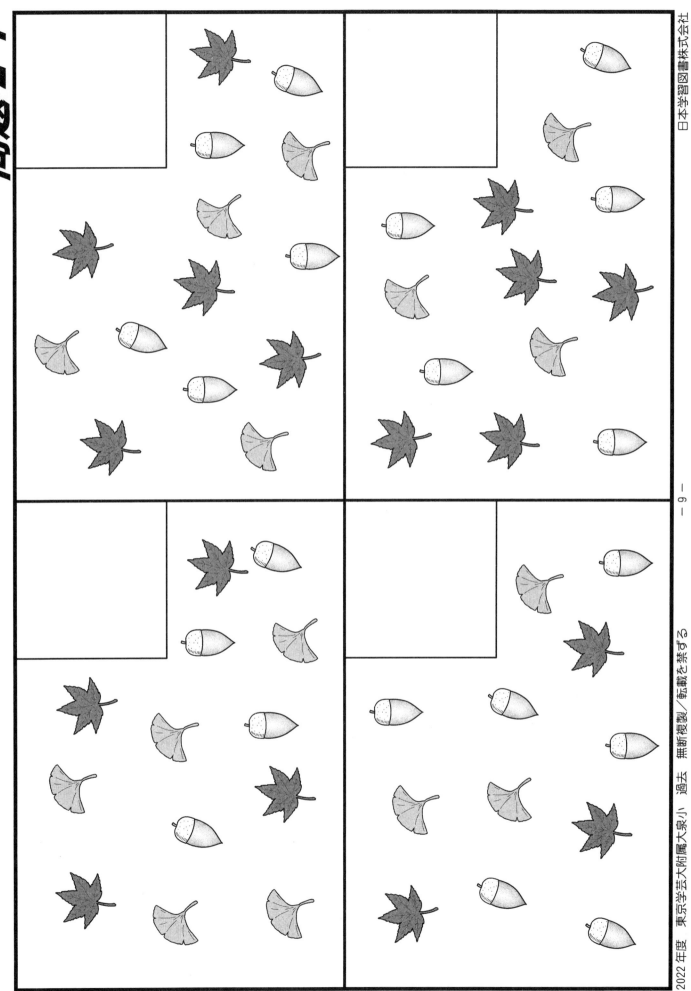

問題 2 1

2022 年度　東京学芸大附属大泉小　過去　無断複製／転載を禁ずる　日本学習図書株式会社

# 問題２２

①

②

③

2022 年度　東京学芸大附属大泉小　過去　無断複製／転載を禁ずる　日本学習図書株式会社

2022年度　東京学芸大附属大泉小　過去　無断複製／転載を禁ずる　日本学習図書株式会社

# 問題２６

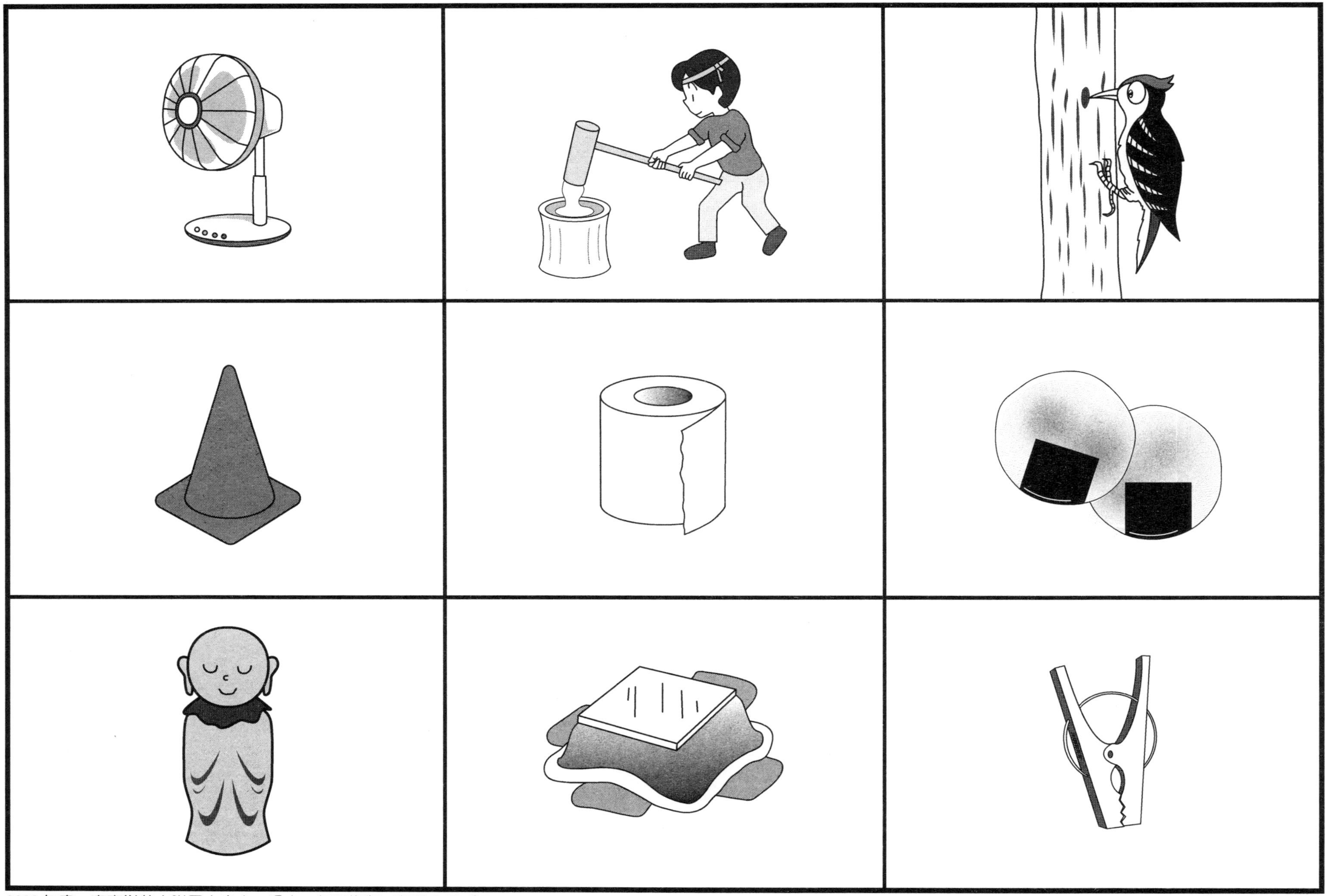

①

②

③

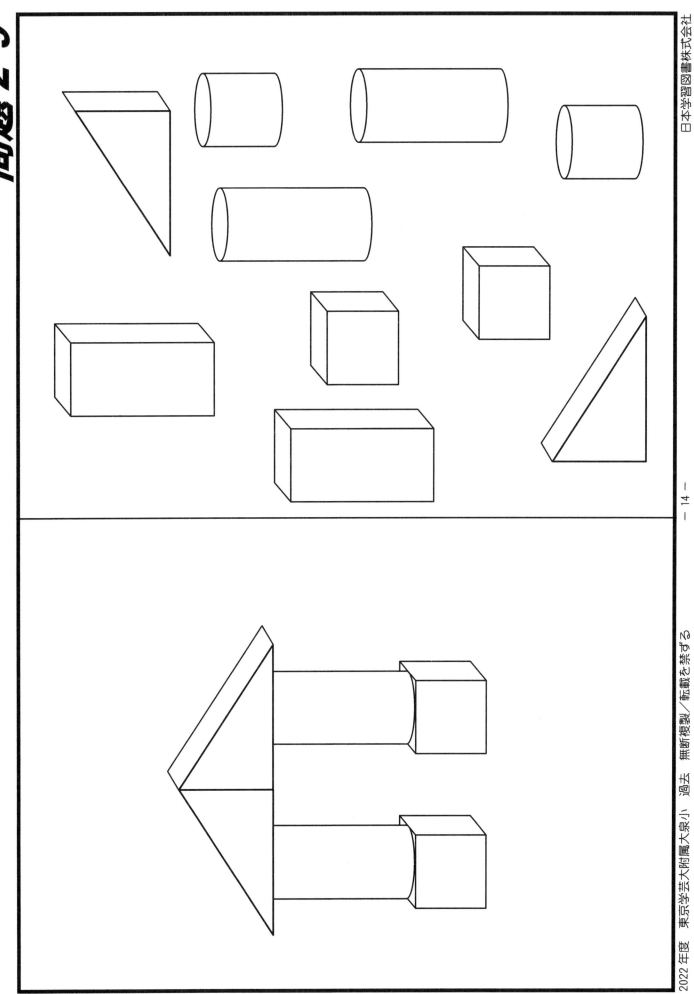

問題29

日本学習図書株式会社

日本学習図書株式会社

2022 年度　東京学芸大附属大泉小　過去　無断複製／転載を禁ずる

# 問題31

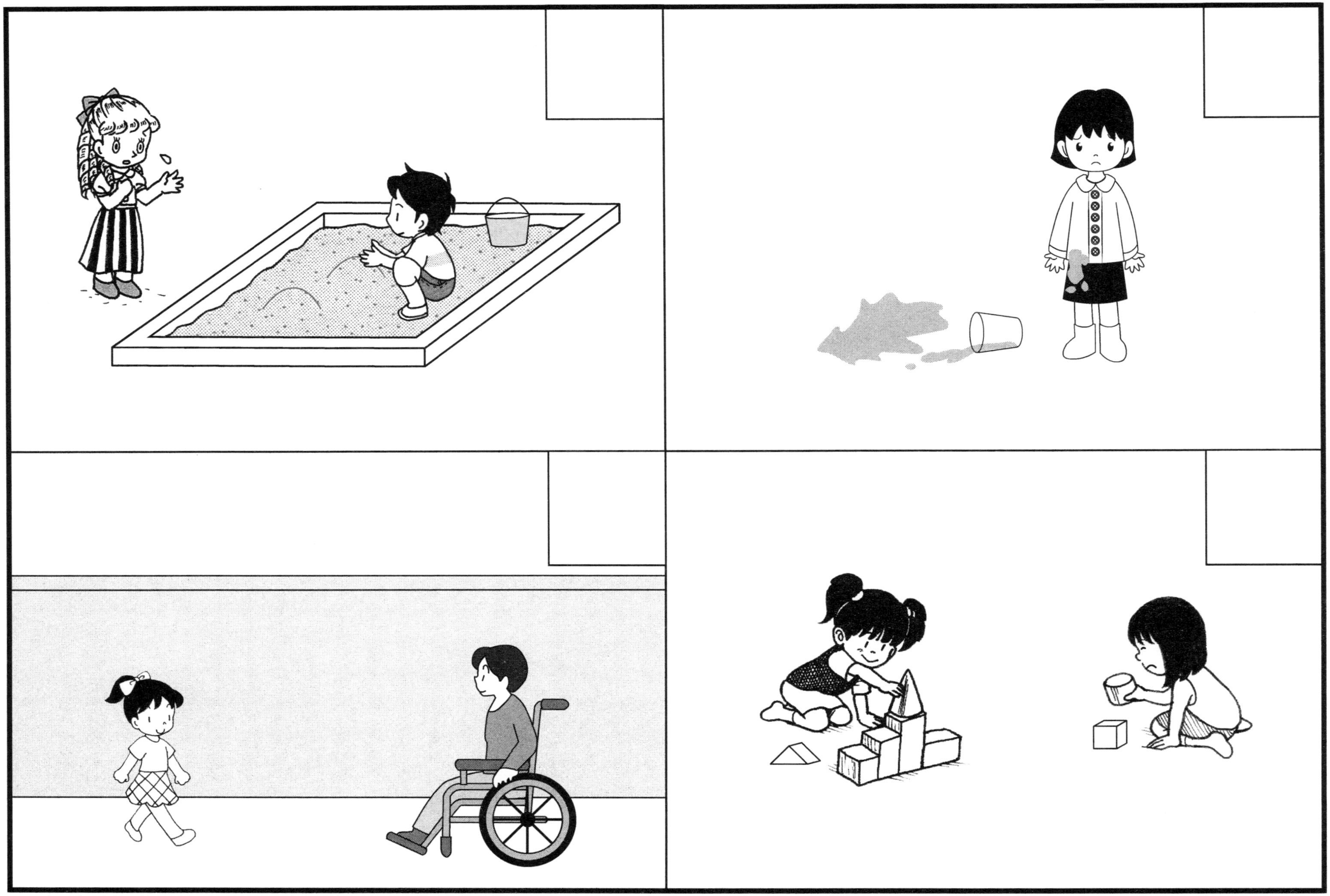

| ① | ② | ③ |
|---|---|---|

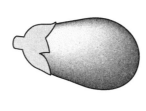

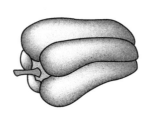

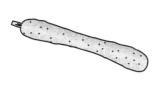

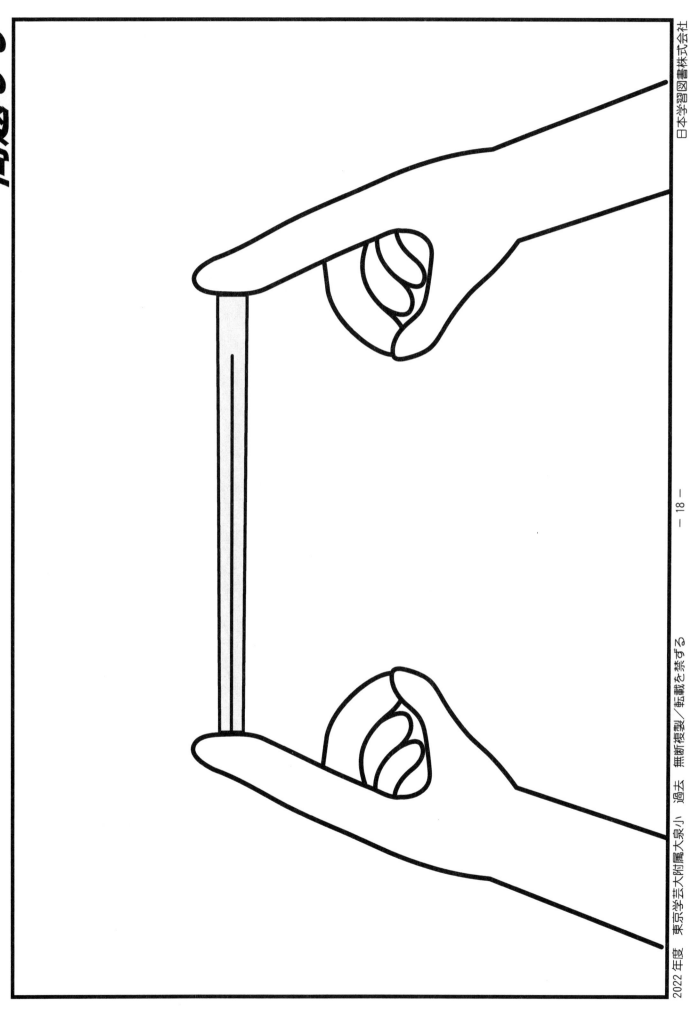

問題３４

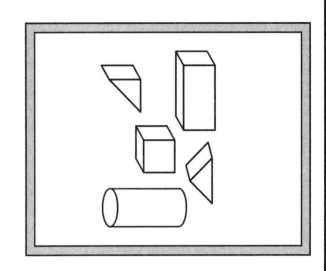

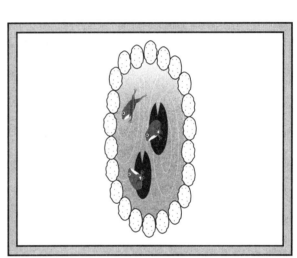

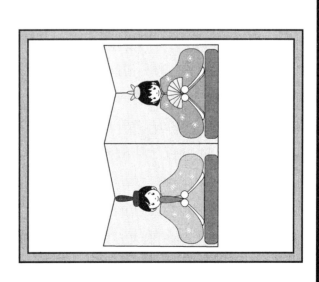

問題３６

①

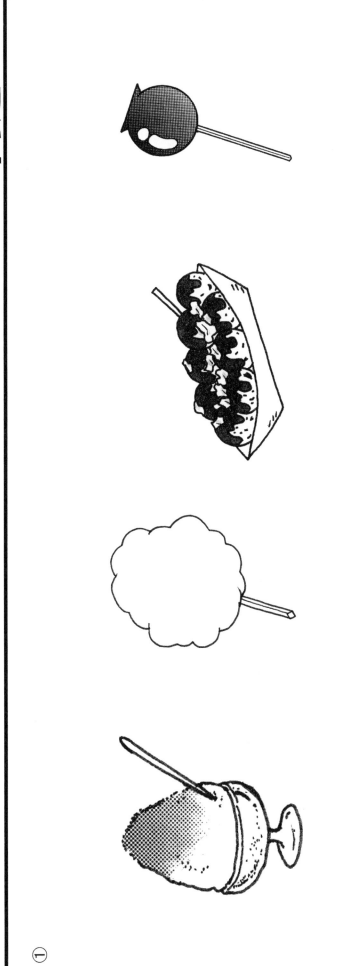

②

2022年度　東京学芸大附属大泉小　過去　無断複製／転載を禁ずる　日本学習図書株式会社

# 問題37

① 

② 

日本学習図書株式会社

①

②

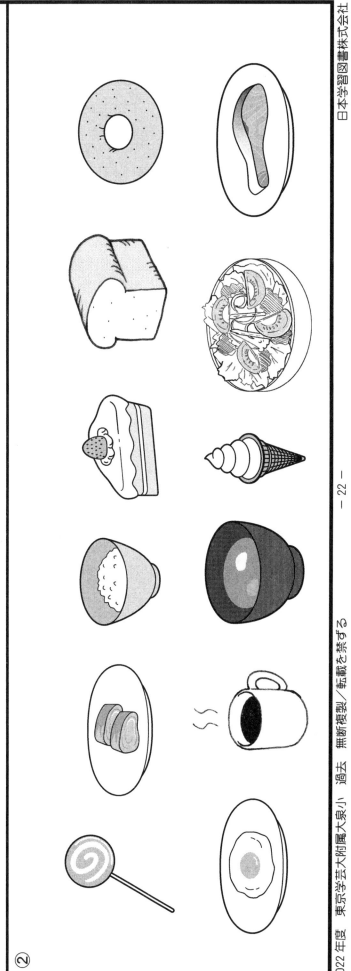

2022年度　東京学芸大附属大泉小　過去　無断複製／転載を禁ずる　日本学習図書株式会社

問題39

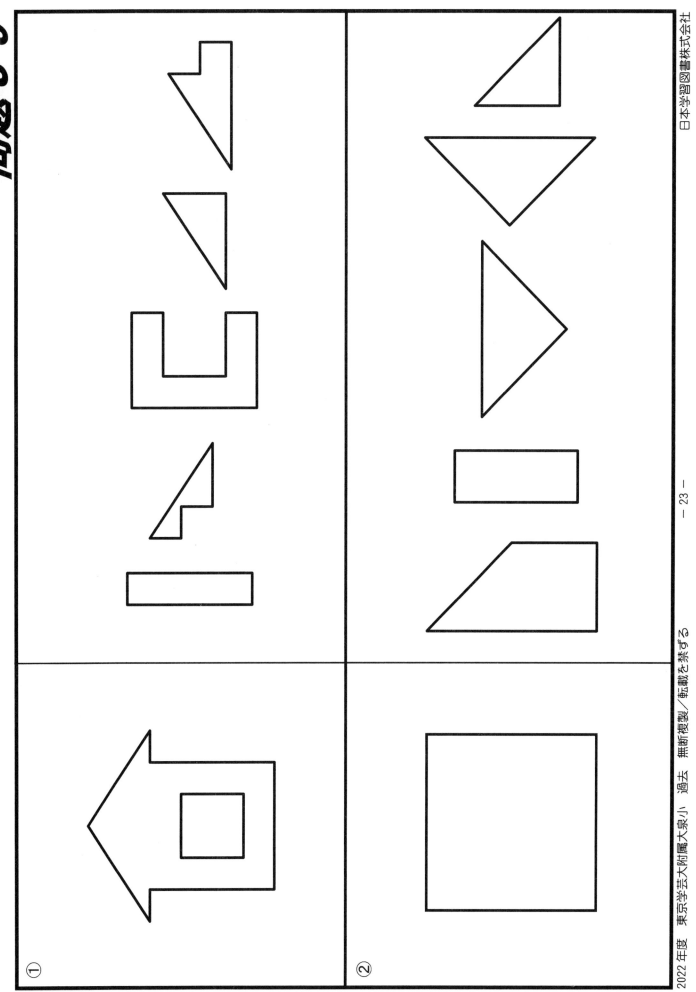

① ②

ご記入日 令和　　年　　月　　日

# ☆国・私立小学校受験アンケート☆

※可能な範囲でご記入下さい。選択肢は〇で囲んで下さい。

〈小学校名〉＿＿＿＿＿＿＿＿＿＿＿＿＿＿　〈お子さまの性別〉男・女　〈誕生月〉＿＿月

〈その他の受験校〉（複数回答可）＿＿＿＿＿＿＿＿＿＿＿＿＿＿＿＿＿＿＿＿＿＿＿

〈受験日〉①：＿＿月＿＿日 〈時間〉＿＿時＿＿分　～　＿＿時＿＿分

　　　　　②：＿＿月＿＿日 〈時間〉＿＿時＿＿分　～　＿＿時＿＿分

| Eメールによる情報提供 |
| --- |
| 日本学習図書では、Eメールでも入試情報を募集しております。 下記のアドレスに、アンケートの内容をご入力の上、メールをお送り下さい。 |
| **ojuken@ nichigaku.jp** |

〈受験者数〉 男女計＿＿＿名　（男子＿＿＿名　女子＿＿＿名）

〈お子さまの服装〉 ＿＿＿＿＿＿＿＿＿＿＿＿＿＿＿＿＿＿

〈入試全体の流れ〉（記入例）準備体操→行動観察→ペーパーテスト

＿＿＿＿＿＿＿＿＿＿＿＿＿＿＿＿＿＿＿＿＿＿＿＿＿＿＿

## ●行動観察 （例）好きなおもちゃで遊ぶ・グループで協力するゲームなど

〈実施日〉＿＿月＿＿日 〈時間〉＿＿時＿＿分　～　＿＿時＿＿分 〈着替え〉□有 □無

〈出題方法〉 □肉声 □録音 □その他（　　　　　） 〈お手本〉□有 □無

〈試験形態〉 □個別 □集団（　　　人程度）　　〈会場図〉

〈内容〉

　□自由遊び

　＿＿＿＿＿＿＿＿＿＿＿＿＿＿＿＿＿＿

　□グループ活動

　＿＿＿＿＿＿＿＿＿＿＿＿＿＿＿＿＿＿

　□その他

　＿＿＿＿＿＿＿＿＿＿＿＿＿＿＿＿＿＿

## ●運動テスト（有・無） （例）跳び箱・チームでの競争など

〈実施日〉＿＿月＿＿日 〈時間〉＿＿時＿＿分　～　＿＿時＿＿分 〈着替え〉□有 □無

〈出題方法〉 □肉声 □録音 □その他（　　　　　） 〈お手本〉□有 □無

〈試験形態〉 □個別 □集団（　　　人程度）　　〈会場図〉

〈内容〉

　□サーキット運動

　　□走り □跳び箱 □平均台 □ゴム跳び

　　□マット運動 □ボール運動 □なわ跳び

　　□クマ歩き

　□グループ活動＿＿＿＿＿＿＿＿＿＿＿＿

　□その他＿＿＿＿＿＿＿＿＿＿＿＿＿＿＿

　　　　　　　　　　　　　　日本学習図書株式会社

# ●知能テスト・口頭試問

〈実施日〉＿＿月＿＿日 〈時間〉＿＿時＿＿分 ～ ＿＿時＿＿分 〈お手本〉□有 □無
〈出題方法〉 □肉声 □録音 □その他（　　　　　　　　）〈問題数〉＿＿枚 ＿＿問

| 分野 | 方法 | 内　　容 | 詳 細・イ ラ ス ト |
|---|---|---|---|
| (例)<br>お話の記憶 | ☑筆記<br>□口頭 | 動物たちが待ち合わせをする話 | (あらすじ)<br>動物たちが待ち合わせをした。最初にウサギさんが来た。次にイヌくんが、その次にネコさんが来た。最後にタヌキくんが来た。<br>(問題・イラスト)<br>3番目に来た動物は誰か |
| お話の記憶 | □筆記<br>□口頭 | | (あらすじ)<br><br>(問題・イラスト) |
| 図形 | □筆記<br>□口頭 | | |
| 言語 | □筆記<br>□口頭 | | |
| 常識 | □筆記<br>□口頭 | | |
| 数量 | □筆記<br>□口頭 | | |
| 推理 | □筆記<br>□口頭 | | |
| その他 | □筆記<br>□口頭 | | |

日本学習図書株式会社

## ●制作　（例）ぬり絵・お絵かき・工作遊びなど

〈実施日〉＿＿月＿＿日　〈時間〉＿＿時＿＿分　～　＿＿時＿＿分

〈出題方法〉　□肉声　□録音　□その他（　　　　　　　　）　〈お手本〉□有　□無

〈試験形態〉　□個別　□集団（　　　　人程度）

| 材料・道具 | 制作内容 |
|---|---|
| □ハサミ | □切る　□貼る　□塗る　□ちぎる　□結ぶ　□描く　□その他（　　　　　　　） |
| □のり（□つぼ　□液体　□スティック） | タイトル：＿＿＿＿＿＿＿＿＿＿＿＿＿＿＿＿＿ |
| □セロハンテープ | |
| □鉛筆　□クレヨン（　色） | |
| □クーピーペン（　色） | |
| □サインペン（　色）□ | |
| □画用紙（□A4　□B4　□A3 | |
| 　　□その他：　　　　　） | |
| □折り紙　□新聞紙　□粘土 | |
| □その他（　　　　　　） | |

## ●面接

〈実施日〉＿＿月＿＿日　〈時間〉＿＿時＿＿分　～　＿＿時＿＿分　〈面接担当者〉＿＿＿名

〈試験形態〉□志願者のみ（　　）名　□保護者のみ　□親子同時　□親子別々

〈質問内容〉

□志望動機　□お子さまの様子

□家庭の教育方針

□志望校についての知識・理解

□その他（　　　　　　　　　　　　　　　）

（　詳　細　）

・

・

・

・

※試験会場の様子をご記入下さい。

```
┌─────────────────────────┐
│ ┌ ─ ─ ─ ─ ─ ─ ─ ─ ─ ┐ │
│ │例                   │ │
│ │   校長先生 教頭先生  │ │
│ │   ┌───────────┐    │ │
│ │   │           │    │ │
│ │   └───────────┘    │ │
│ │    ⊗   子   母    │ │
│ │                     │ │
│ │   ┌──────┐        │ │
│ │   │出入口 │        │ │
│ │   └──────┘        │ │
│ └ ─ ─ ─ ─ ─ ─ ─ ─ ─ ┘ │
└─────────────────────────┘
```

## ●保護者作文・アンケートの提出（有・無）

〈提出日〉　□面接直前　　□出願時　　□志願者考査中　　□その他（　　　　　　　　　　　）

〈下書き〉　□有　　□無

〈アンケート内容〉

| |
|---|
| （記入例）当校を志望した理由はなんですか（150字） |

日本学習図書株式会社

●説明会（□有　□無）〈開催日〉＿＿＿月＿＿日〈時間〉＿＿時＿＿分　〜　＿＿時＿＿分

〈上履き〉　□要　□不要　〈願書配布〉　□有　□無　〈校舎見学〉　□有　□無

〈ご感想〉

●参加された学校行事 （複数回答可）

公開授業〈開催日〉＿＿＿月＿＿日〈時間〉＿＿時＿＿分　〜　＿＿時＿＿分

運動会など〈開催日〉＿＿＿月＿＿日〈時間〉＿＿時＿＿分　〜　＿＿時＿＿分

学習発表会・音楽会など〈開催日〉＿＿＿月＿＿日〈時間〉＿＿時＿＿分　〜　＿＿時＿＿分

〈ご感想〉

※是非参加したほうがよいと感じた行事について

●受験を終えてのご感想、今後受験される方へのアドバイス

※対策学習（重点的に学習しておいた方がよい分野）、当日準備しておいたほうがよい物など

＊＊＊＊＊＊＊＊＊＊＊　ご記入ありがとうございました　＊＊＊＊＊＊＊＊＊＊＊

必要事項をご記入の上、ポストにご投函ください。

なお、本アンケートの送付期限は入試終了後3ヶ月とさせていただきます。また、入試に関する情報の記入量が当社の基準に満たない場合、謝礼の送付ができないことがございます。あらかじめご了承ください。

ご住所：〒＿＿＿＿＿＿＿＿＿＿＿＿＿＿＿＿＿＿＿＿＿＿＿＿＿＿＿＿＿＿＿

お名前：＿＿＿＿＿＿＿＿＿＿＿＿＿＿　メール：＿＿＿＿＿＿＿＿＿＿＿＿＿

ＴＥＬ：＿＿＿＿＿＿＿＿＿＿＿＿＿＿　ＦＡＸ：＿＿＿＿＿＿＿＿＿＿＿＿＿

アンケートのご記入
ありがとうございました

# 分野別 小学入試練習帳 ジュニアウォッチャー

|  |  |  |
|---|---|---|
| 1 | 点・線図形 | 小学校入試で出題頻度の高い「点・線図形」の模写を、難易度の低いものから段階別に練習できるように構成。 |
| 2 | 座標 | 図形の位置模写という作業を、難易度の低いものから段階別に練習できるように構成。 |
| 3 | パズル | 様々なパズルの問題を難易度の低いものから段階別に練習できるように構成。 |
| 4 | 同図形探し | 小学校入試で出題頻度の高い、同図形選びの問題を繰り返し練習できるように構成。 |
| 5 | 回転・展開 | 図形などを回転、または展開したとき、形がどのように変化するかを学習し、理解を深められるように構成。 |
| 6 | 系列 | 数、図形などの様々な系列問題を、難易度の低いものから段階別に練習できるように構成。 |
| 7 | 迷路 | 迷路の問題を繰り返し練習できるように構成。 |
| 8 | 対称 | 対称に関する問題を4つのテーマに分類し、各テーマごとに練習できるように構成。 |
| 9 | 合成 | 図形の合成に関する問題を、難易度の低いものから段階別に練習できるように構成。 |
| 10 | 四方からの観察 | もの（立体）を様々な角度から見て、どのように見えるかを推理する問題を段階別に練習できるように構成。 |
| 11 | いろいろな仲間 | ものや動物、植物などの共通点を見つけ、分類していく問題を中心に構成。 |
| 12 | 日常生活 | 日常生活における様々な問題を6つのテーマに分類し、各テーマごとに練習できるように構成。 |
| 13 | 時間の流れ | 「時間」に着目し、様々なものごとは、時間が経過するとどのように変化するのかという「流れ」を学習し、理解できるように構成。 |
| 14 | 数える | 様々なものを「数える」ことから、数の多少の判定やかけ算、わり算の基礎までを学習できるように構成。 |
| 15 | 比較 | 比較に関する問題を5つのテーマ（数、高さ、長さ、重さ、量）に分類し、段階別に練習できるように構成。 |
| 16 | 積み木 | 数える対象を積み木に限定した問題集。 |
| 17 | 言葉の音遊び | 言葉の音に関する問題を5つのテーマに分類し、各テーマごとに練習できるように構成。 |
| 18 | いろいろな言葉 | 表現力をより豊かにするための語彙を増やす問題集。反意語、同音異義語、擬態語や擬声語、助詞、数詞をテーマ別に練習できるように構成。 |
| 19 | お話の記憶 | お話を聴いてその内容を記憶、理解する問題集。設問に答える形式の問題集。 |
| 20 | 見る記憶・聴く記憶 | 「見て憶える」「聴いて憶える」という『記憶』分野に特化した問題集。 |
| 21 | お話作り | いくつかの絵を元にしてお話を作ることなどを通じて、想像力を養うことができるように構成。 |
| 22 | 想像画 | 描かれている絵や形から想像し、自由に絵を描く「想像画」の問題を集めた問題集。 |
| 23 | 切る・貼る・塗る | 小学校入試で出題頻度の高い、はさみやのりなどを用いた巧緻性の問題を繰り返し練習できるように構成。 |
| 24 | 絵画 | 小学校入試で出題頻度の高い巧緻性の問題をクレヨンやクーピーペンを用いた塗り絵などを中心に練習できるように構成。 |
| 25 | 生活巧緻性 | 小学校入試で出題頻度の高い日常生活の様々な場面における巧緻性の問題集。 |
| 26 | 文字・数字 | ひらがなの清音、濁音、拗音、促音、長音、そして1～20までの数字を練習できるように構成。 |
| 27 | 理科 | 小学校入試で出題頻度が高くなりつつある理科の問題を集めた問題集。 |
| 28 | 運動 | 出題頻度の高い運動問題を種目別に分けて構成。 |
| 29 | 行動観察 | 項目ごとに問題提起をし、「このような時はどうか、あるいはどう対処するのか」の観点から問いかける形式の問題集。 |
| 30 | 生活習慣 | 学校から家庭に提起された問題と思って、一問一答絵を見ながら話し合い、考える形式の問題集。 |
| 31 | 推理思考 | 数、量、言語、常識（含理科、一般）など、諸々のジャンルから問題を構成し、近年の小学校入試問題傾向に沿って構成。 |
| 32 | ブラックボックス | 箱の中を通ると、どのようなお約束でどのように変化するかを推理・思考する問題集。 |
| 33 | シーソー | 重さの違うものをシーソーに乗せて比べた時どちらに傾くのか、またはどうすればつり合うのかを思考する基礎的な問題集。 |
| 34 | 季節 | 様々な行事や植物などを季節に出題できるように分類する知識をつける問題集。 |
| 35 | 重ね図形 | 小学校入試で頻繁に出題されている「図形を重ね合わせてできる形」についての問題を集めました。 |
| 36 | 同数発見 | 様々な物を数え、同じ数を発見し、数の多少の判断や数の認識の基礎を学べるように構成した問題集。 |
| 37 | 選んで数える | 数の学習の基本となる、いろいろなものの数を正しく数える学習を行う問題集。 |
| 38 | たし算・ひき算1 | 数字を使わず、たし算とひき算の基礎を身につけるための問題集。 |
| 39 | たし算・ひき算2 | 数字を使わず、たし算とひき算の基礎を身につけるための問題集。 |
| 40 | 数を分ける | 数を等しく分ける問題です。等しく分けたときに余りが出るものもあります。 |
| 41 | 数の構成 | ある数がどのような数で構成されているか学んでいきます。 |
| 42 | 一対多の対応 | 一対一の対応から、一対多の対応まで、かけ算の考え方の基礎学習を行います。 |
| 43 | 数のやりとり | あげたり、もらったり、数の変化をしっかりと学びます。 |
| 44 | 見えない数 | 指定された条件から数を導き出します。 |
| 45 | 図形分割 | 図形の分割に関する問題集。パズルや合成の分野にも通じる様々な問題を集めました。 |
| 46 | 回転図形 | 「回転図形」に関する問題集。やさしい問題から始め、いくつかの代表的なパターンから、段階を踏んで学習できるよう編集されています。 |
| 47 | 座標の移動 | 「マス目の指示通りに移動する問題」と「指示された数だけ移動する問題」を収録。 |
| 48 | 鏡図形 | 鏡で左右反転させた時の見え方を考えます。平面図形から立体図形、文字、絵まで。 |
| 49 | しりとり | すべての学習の基礎となる「言葉」を学ぶこと、特に「しりとり」は重要な課題です。様々なタイプのしりとり問題を集めました。 |
| 50 | 観覧車 | 観覧車やメリーゴーラウンドなどを舞台にした「回転系列」の問題集。「推理思考」分野の問題ですが、「数量」や「図形」の要素も含みます。 |
| 51 | 運筆① | 鉛筆の持ち方を学び、点線なぞり、お手本を見ながらの模写で、線を引く練習をします。 |
| 52 | 運筆② | 運筆①からさらに発展し、「欠所補完」や「迷路」などを楽しみながら、より複雑な運筆運動を習得することを目指します。 |
| 53 | 四方からの観察 積み木編 | 積み木を使用した「四方からの観察」に関する問題を練習できるように構成。 |
| 54 | 図形の構成 | 見本の図形がどのような部分によって形づくられているかを考えます。 |
| 55 | 理科② | 理科的知識に関する問題を集中して練習する「常識」分野の問題集。 |
| 56 | マナーとルール | 道路や駅、公共の場でのマナー、安全や衛生に関する常識を学べるように構成。 |
| 57 | 置き換え | さまざまな具体的な事柄を記号で表す「置き換え」の問題を扱います。 |
| 58 | 比較② | 長さ・高さ・体積・数などの基準を使わず、論理的に推測する「比較」の問題に取り組めるように構成。 |
| 59 | 欠所補完 | 欠けた絵に当てはまるものを選ぶ「欠所補完」に取り組む問題集。 |
| 60 | 言葉の音（おん） | しりとり、決まった順番の音をつなげるなど、「言葉の音」に関する問題に取り組める練習問題集。 |

# 家庭学習をトータルサポート！ ニチガクのオリジナル 効果的 学習法

## 1 まずはアドバイスページを読む！

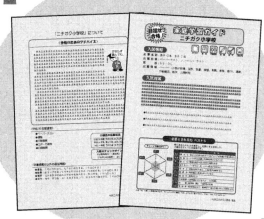

ピンク色です

対策や試験ポイントがぎっしりつまった「家庭学習ガイド」。分野アイコンで、試験の傾向をおさえよう！

## 2 問題をすべて読み、出題傾向を把握する

## 3 「学習のポイント」で学校側の観点や問題の解説を熟読

## 4 はじめて過去問題にチャレンジ！

## 5 プラスα 対策問題集や類題で力を付ける

### おすすめ対策問題集

分野ごとに対策問題集をご紹介。苦手分野の克服に最適です！
＊専用注文書付き。

## 過去問のこだわり

最新問題は問題ページ、イラストページ、解答・解説ページが独立しており、お子さまにすぐに取り掛かっていただける作りになっています。
ニチガクの学校別問題集ならではの、学習法を含めたアドバイスを利用して効率のよい家庭学習を進めてください。

各問題のジャンル

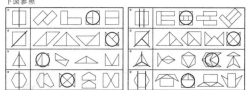

| 問題7 | 分野：図形（図形の構成） | Aグループ男子 |

〈解答〉 下図参照

図形の構成の問題です。解答時間が圧倒的に短いので、直感的に答えないと全問答えることはできないでしょう。例年ほど難しい問題ではないので、ある程度準備をしたお子さまなら可能なはずです。注意すべきなのはケアレスミスで、「できないものはどれですか」と聞かれているのに、できるものに○をしたりしてはおしまいです。こういった問題では基礎とも言える問題なので、もしわからなかった場合は基礎問題を分野別の問題集などでおさらいしておきましょう。

【おすすめ問題集】
★ニチガク小学校図形攻略問題集①②★（書店では販売しておりません）
Ｊｒ・ウォッチャー9「合成」、54「図形の構成」

### 学習のポイント

各問題の解説や学校の観点、指導のポイントなどを教えます。
今日から保護者の方が家庭学習の先生に！

2022 年度版　東京学芸大学附属大泉小学校　過去問題集

発行日　2021 年 3 月 2 日
発行所　〒 162-0821 東京都新宿区津久戸町 3-11-9F
　　　　日本学習図書株式会社
電　話　03-5261-8951 ㈹

ISBN978-4-7761-5370-2
C6037 ￥2000E

定価 2,200 円
（本体 2,000 円＋税 10%）

詳細は http://www.nichigaku.jp　日本学習図書　検索